Learn Russian with Turgenev's Fathers and Sons - Part I

HypLern Interlinear Project
www.hyplern.com

First edition: 2024, November

Author: Ivan Turgenev
Translation: Kees van den End
Foreword: Camilo Andrés Bonilla Carvajal PhD

ISBN: 978-1-989643-84-6

kees@hyplern.com
www.hyplern.com

Learn Russian with Turgenev's Fathers and Sons - Part I

Interlinear Russian to English

Author
Ivan Turgenev

Translation
Kees van den End

HypLern Interlinear Project
www.hyplern.com

The HypLern Method

Learning a foreign language should not mean leafing through page after page in a bilingual dictionary until one's fingertips begin to hurt. Quite the contrary, through everyday language use, friendly reading, and direct exposure to the language we can get well on our way towards mastery of the vocabulary and grammar needed to read native texts. In this manner, learners can be successful in the foreign language without too much study of grammar paradigms or rules. Indeed, Seneca expresses in his sixth epistle that "Longum iter est per praecepta, breve et efficax per exempla[1]."

The HypLern series constitutes an effort to provide a highly effective tool for experiential foreign language learning. Those who are genuinely interested in utilizing original literary works to learn a foreign language do not have to use conventional graded texts or adapted versions for novice readers. The former only distort the actual essence of literary works, while the latter are highly reduced in vocabulary and relevant content. This collection aims to bring the lively experience of reading stories as directly told by their very authors to foreign language learners.

Most excited adult language learners will at some point seek their teachers' guidance on the process of learning to read in the foreign language rather than seeking out external opinions. However, both teachers and learners lack a general reading technique or strategy. Oftentimes, students undertake the reading task equipped with nothing more than a bilingual dictionary, a grammar book, and lots of courage. These efforts often end in frustration as the student builds mis-constructed nonsensical sentences after many hours spent on an aimless translation drill.

Consequently, we have decided to develop this series of interlinear translations intended to afford a comprehensive edition of unabridged texts. These texts are presented as they were originally written with no changes in word choice or order. As a result, we have a translated piece conveying the true meaning under every word from the original work. Our readers receive then two books in just one volume: the original version and its translation.

The reading task is no longer a laborious exercise of patiently decoding unclear and seemingly complex paragraphs. What's more, reading becomes an enjoyable and meaningful process of cultural, philosophical and linguistic learning. Independent learners can then acquire expressions and vocabulary while understanding pragmatic and socio-cultural dimensions of the target language by reading in it rather than reading about it.

Our proposal, however, does not claim to be a novelty. Interlinear translation is as old as the Spanish tongue, e.g. "glosses of [Saint] Emilianus", interlinear bibles in Old German, and of course James Hamilton's work in the 1800s. About the latter, we remind the readers, that as a revolutionary freethinker he promoted the publication of Greco-Roman classic works and further pieces in diverse languages. His effort, such as ours, sought to lighten the exhausting task of looking words up in large glossaries as an educational practice: "if there is any thing which fills reflecting men with melancholy and regret, it is the waste of mortal time, parental money, and puerile happiness, in the present method of pursuing Latin and Greek[2]".

Additionally, another influential figure in the same line of thought as Hamilton was John Locke. Locke was also the philosopher and translator of the Fabulae AEsopi in an interlinear plan. In 1600, he was already suggesting that interlinear texts, everyday communication, and use of the target language could be the most appropriate ways to achieve language learning:

> ...the true and genuine Way, and that which I would propose, not only as the easiest and best, wherein a Child might, without pains or Chiding, get a Language which others are wont to be whipt for at School six or seven Years together...[3]

---

1 "The journey is long through precepts, but brief and effective through examples". Seneca, Lucius Annaeus. (1961) Ad Lucilium Epistulae Morales, vol. I. London: W. Heinemann.

2 In: Hamilton, James (1829?) History, principles, practice and results of the Hamiltonian system, with answers to the Edinburgh and Westminster reviews; A lecture delivered at Liverpool; and instructions for the use of the books published on the system. Londres: W. Aylott and Co., 8, Pater Noster Row. p. 29.

3 In: Locke, John. (1693) Some thoughts concerning education. Londres: A. and J. Churchill. pp. 196-7.

Who can benefit from this edition?

We identify three kinds of readers, namely, those who take this work as a search tool, those who want to learn a language by reading authentic materials, and those attempting to read writers in their original language. The HypLern collection constitutes a very effective instrument for all of them.

1. For the first target audience, this edition represents a search tool to connect their mother tongue with that of the writer's. Therefore, they have the opportunity to read over an original literary work in an enriching and certain manner.
2. For the second group, reading every word or idiomatic expression in its actual context of use will yield a strong association between the form, the collocation, and the context. This will have a direct impact on long term learning of passive vocabulary, gradually building genuine reading ability in the original language. This book is an ideal companion not only to independent learners but also to those who take lessons with a teacher. At the same time, the continuous feeling of achievement produced during the process of reading original authors both stimulates and empowers the learner to study[1].
3. Finally, the third kind of reader will notice the same benefits as the previous ones. The proximity of a word and its translation in our interlinear texts is a step further from other collections, such as the Loeb Classical Library. Although their works might be considered the most famous in this genre, the presentation of texts on opposite pages hinders the immediate link between words and their semantic equivalence in our native tongue (or one we have a strong mastery of).

---

1 Some further ways of using the present work include:

1. As you progress through the stories, focus less on the lower line (the English translation). Instead, try to read through the upper line, staying in the foreign language as long as possible.
2. Even if you find glosses or explanatory footnotes about the mechanics of the language, you should make your own hypotheses on word formation and syntactical functions in a sentence. Feel confident about inferring your own language rules and test them progressively. You can also take notes concerning those idiomatic expressions or special language usage that calls your attention for later study.
3. As soon as you finish each text, check the reading in the original version (with no interlinear or parallel translation). This will fulfil the main goal of this

collection: bridging the gap between readers and original literary works, training them to read directly and independently.

Why interlinear?

Conventionally speaking, tiresome reading in tricky and exhausting circumstances has been the common definition of learning by texts. This collection offers a friendly reading format where the language is not a stumbling block anymore. Contrastively, our collection presents a language as a vehicle through which readers can attain and understand their authors' written ideas.

While learning to read, most people are urged to use the dictionary and distinguish words from multiple entries. We help readers skip this step by providing the proper translation based on the surrounding context. In so doing, readers have the chance to invest energy and time in understanding the text and learning vocabulary; they read quickly and easily like a skilled horseman cantering through a book.

Thereby we stress the fact that our proposal is not new at all. Others have tried the same before, coming up with evident and substantial outcomes. Certainly, we are not pioneers in designing interlinear texts. Nonetheless, we are nowadays the only, and doubtless, the best, in providing you with interlinear foreign language texts.

Handling instructions

Using this book is very easy. Each text should be read at least three times in order to explore the whole potential of the method. The first phase is devoted to comparing words in the foreign language to those in the mother tongue. This is to say, the upper line is contrasted to the lower line as the following example shows:

Николай	Петрович	вскочил	и	устремил	глаза
Nikolai	Petrovitch	jumped	and	directed	(the) eyes

вдоль	дороги.	Показался	тарантас,	запряженный
lengthwise	(the) road	Appeared	(a) tartantas	harnessed
along the road			a carriage	

тройкой	ямских	лошадей;	в	тарантасе	мелькнул
(a) threesome	(of) postal	horses	in	(the) tarantas	flashed
				the carriage	

околыш	студентской	фуражки,	знакомый	очерк
(the) band	(of the) student	peak cap	(the) familiar	features

дорогого	лица...
(of the) good	face

The second phase of reading focuses on capturing the meaning and sense of the original text. As readers gain practice with the method, they should be able to focus on the target language without getting distracted by the translation. New users of the method, however, may find it helpful to cover the translated lines with a piece of paper as illustrated in the image below. Subsequently, they try to understand the meaning of every word, phrase, and entire sentences in the target language itself, drawing on the translation only when necessary. In this phase, the reader should resist the temptation to look at the translation for every word. In doing so, they will find that they are able to understand a good portion of the text by reading directly in the target language, without the crutch of the translation. This is the skill we are looking to train: the ability to read and understand native materials and enjoy them as native speakers do, that being, directly in the original language.

Николай	Петрович	вскочил	и	устремил	глаза
Nikolai	Petr				yes

вдоль	дороги			ый
lengthwise	(the) roa			
along the road				

тройкой	ямских	лошадей;	в	тарантасе	мелькнул
(a) threesome	(of) postal	horses	in	(the) tarantas the carriage	flashed

околыш	студентской	фуражки,	знакомый	очерк
(the) band	(of the) student	peak cap	(the) familiar	features

дорогого	лица...
(of the) good	face

In the final phase, readers will be able to understand the meaning of the text when reading it without additional help. There may be some less common words and phrases which have not cemented themselves yet in the reader's brain, but the majority of the story should not pose any problems. If desired, the reader can use an SRS or some other memorization method to learning these straggling words.

Николай Петрович вскочил и устремил глаза вдоль дороги. Показался тарантас, запряженный тройкой ямских лошадей; в тарантасе мелькнул околыш студентской фуражки, знакомый очерк дорогого лица...

Above all, readers will not have to look every word up in a dictionary to read a text in the foreign language. This otherwise wasted time will be spent concentrating on their principal interest. These new readers will tackle authentic texts while learning their vocabulary and expressions to use in further communicative (written or oral) situations. This book is just one work from an overall series with the same purpose. It really helps those who are afraid of having "poor vocabulary" to feel confident about reading directly in the language. To all of them and to all of you, welcome to the amazing experience of living a foreign language!

Additional tools

Check out shop.hyplern.com or contact us at info@hyplern.com for free mp3s (if available) and free empty (untranslated) versions of the eBooks that we have on offer.

For some of the older eBooks and paperbacks we have Windows, iOS and Android apps available that, next to the interlinear format, allow for a pop-up format, where hovering over a word or clicking on it gives you its meaning. The apps also have any mp3s, if available, and integrated vocabulary practice.

Visit the site hyplern.com for the same functionality online. This is where we will be working non-stop to make all our material available in multiple formats, including audio where available, and vocabulary practice.

Table of Contents

I
Chapter 1

Посвящается памяти
Dedicated to   (the) memory

Виссариона Григорьевича
(of) Vissarion   Grigorievich

БЕЛИНСКОГО
Belinskii

— Что,   Петр, не видать еще? — спрашивал   20-го
What   Peter   not to see still   asked   on the 20th
                              still not visible

мая   1859   года, выходя   без   шапки на низкое
(of) May (of the) 1859 year going out without hat   on (the) low

крылечко   постоялого   двора   на   *** шоссе,   барин
porch   (of the) lodging courtyard on   -   highway (the) master
          of the inn

лет   сорока   с   небольшим, в   запыленном пальто   и
years forty   with   small   in   dusty   overcoat and

клетчатых   панталонах,   у   своего   слуги,   молодого   и
checkered   trousers   of   his   servant   (a) young and

щекастого   малого   с   беловатым пухом   на подбородке
cheeky   young man with   whitish   fluff   on (the) chin

и   маленькими тусклыми глазенками.
and   little   dark   eyes

Слуга,   в котором   все: и бирюзовая сережка
(The) servant in who   (was) everything and (a) turquoise earring

в   ухе,   и   напомаженные разноцветные   волосы,   и
in (the) ear and   pomaded   multi-colored   hair   and

учтивые   телодвижения,   словом,   все   изобличало
courteous   body movements   (with one) word   all   denounced
                                                              indicated

человека   новейшего,   усовершенствованного   поколения,
(a) man   (of the) newest   improved   generation

посмотрел снисходительно вдоль   дороги   и   ответствовал:
(he) looked   condescendingly   in-length (the) road and   (he) replied
                                        along

«Никак нет-с, не видать».
No way   no sir   not   to see

— Не видать? — повторил барин.
    Not   to see   repeated   (the) master

— Не видать, — вторично ответствовал слуга.
    Not   to see   secondary   replied   servant
                      a second time   the servant

Барин   вздохнул и   присел на скамеечку. Познакомим
(The) master   sighed   and sat down on (the) bench   (We) introduce

с   ним   читателя,   пока   он сидит,   подогнувши   под
with   him   (to the) reader while   he   sits   tucked in   under

себя   ножки   и   задумчиво поглядывая кругом.
himself (the) legs and   pensively   casting looks   around

Зовут его Николаем Петровичем Кирсановым. У него
(They) call him Nicholas Petrovich Kirsanov With him

в пятнадцати верстах от постоялого дворика хорошее
in fifteen miles from (the) lodging courtyard (of) good
the inn

имение в двести душ, или, как он выражается с
name in two hundred souls or as he expressed from
with (serfs)

тех пор, как размежевался с крестьянами и
those times as (he) disassociated himself from (the) peasants and

завел «ферму», — в две тысячи десятин земли.
(he) started (a) farm in two thousand ten (of) earth
(old measure)

Отец его, боевой генерал 1812 года,
(The) father (of) his (a from) war general 1812 years
a general from the war in 1812

полуграмотный, грубый, но не злой русский человек, всю
semi-literate coarse but not mean Russian man all

жизнь свою тянул лямку, командовал сперва бригадой,
life (of) his pulled (the) strap commanded first (a) brigade

потом дивизией и постоянно жил в провинции, где в
then (a) division and constantly lived in (the) province where in

силу своего чина играл довольно значительную
(the) strength (of) his rank (a) played (a) rather meaningful

роль.
role

Николай Петрович родился на юге России, подобно
Nikolai Petrovitch was born in (the) south (of) Russia like

старшему своему брату Павлу, о котором речь
senior his brother Paul about who (the) talk

впереди, и воспитывался до четырнадцатилетнего
(is) ahead and was educated until fourteen years old

возраста дома, окруженный дешевыми гувернерами,
(of) age at home surrounded by cheap governesses

развязными, но подобострастными адъютантами и
unbridled but with subservient adjutants and

прочими полковыми и штабными личностями.
other regimental and staff personalities

Родительница его, из фамилии Колязиных, в девицах
(The female) parent (of) him from (the) family (of) Kolyazins in maidens
His mother

Agathe, а в генеральшах Агафоклея Кузьминишна
Agathe and in general's wife Agathoclea Kuzminishna
as

Кирсанова, принадлежала к числу
Kirsanova belonged to to (the) number

«матушек-командирш», носила пышные чепцы и шумные
(of) commanding mothers wore lush bonnets and noisy

шелковые платья, в церкви подходила первая ко кресту,
silk dresses in church approached (the) first to (the) cross

говорила громко и много, допускала детей
talked loudly and much allowed (the) children

утром к ручке, на ночь их благословляла, —
(in the) morning to handle at night them blessed
by her chair

словом, жила в свое удовольствие.
(with one) word (she) lived in her pleasure

В качестве генеральского сына Николай Петрович —
In quality (of the) general's son Nikolai Petrovitch

хотя не только не отличался храбростью, но даже
although not only not was notable (for) bravery but even

заслужил прозвище трусишки — должен был, подобно
earned (the) nickname panties must was like
had to

брату Павлу, поступить в военную службу; но он
(the) brother Paul to enter in military service but he

переломил себе ногу в самый тот день, когда уже
fractured himself (the) foot in same that day when already
that same

прибыло известие об его определении, и, пролежав два
arrived (the) news about his definitions and after lying two
assignments

месяца в постели, на всю жизнь остался «хроменьким».
months in (the) bed for all life stayed limp

Отец махнул на него рукой и пустил его по
(The) father waved at him (the) hand and released him on

штатской. Он повез его в Петербург, как только ему
civilian (life) He sent him in Petersburg as only to him

минул восемнадцатый год, и поместил его в университет.
passed (the) eighteenth year and put up him in (the) university

Кстати, брат его о ту пору вышел офицером
By the way (the) brother his about that moment left (as an) officer

в гвардейский полк. Молодые люди стали жить вдвоем,
in (the) guards regiment (The) young people started to live together

на одной квартире, под отдаленным надзором
on one apartment under remote supervision

двоюродного дяди с материнской стороны, Ильи
twice-parented uncle from maternal side Elijah
of the grand

Колязина, важного чиновника. Отец их вернулся
Kolyazin (an) important official (The) father theirs returned

к своей дивизии и к своей супруге и лишь изредка
to his division and to his wife and just occasionally

присылал сыновьям большие четвертушки серой бумаги,
sent (the) sons big quarters (of) grey papers
sheets

испещренные размашистым писарским почерком. На
mottled (with) widespread writer handwriting On

конце этих четвертушек красовались старательно
(the) end (of) these sheets were flaunted diligently

окруженные «выкрутасами» слова: «Пиотр Кирсаноф,
surrounded by twirls (the) words Piotr Kirsanof

генерал-майор».
major general

В 1835 году Николай Петрович вышел из университета
In 1835 year Nikolai Petrovitch left from university

кандидатом, и в том же году генерал Кирсанов,
(as) candidate and in that very year general Kirsanov

уволенный в отставку за неудачный смотр, приехал в
fired in resignation for unsuccessful review arrived in

Петербург с женою на житье. Он нанял было дом
Petersburg with (his) wife on (the) life He rented -was- (the) house
as rentiers

у Таврического сада и записался в английский клуб, но
at (the) Taurian garden and signed up in (the) English club but

внезапно умер от удара. Агафоклея Кузьминишна
suddenly died from (the) impact Agathoclea Kuzminishna
(an) apoplexy

скоро за ним последовала: она не могла привыкнуть к
soon after him followed she not could get used to

глухой столичной жизни; тоска отставного
(the) dull capital life melancholy (of the) retired

существованья ее загрызла. Между тем Николай Петрович
existence her gnawed Between that Nikolai Petrovitch

успел, еще при жизни родителей и к немалому
had time still with (the) life (of the) parents and to not little

их огорчению, влюбиться в дочку чиновника
to them grief fall in love in daughter (of the) official
with the daughter

Преполовенского, бывшего хозяина его квартиры,
Prepolovensky former boss (of) his quarters

миловидную и, как говорится, развитую девицу: она в
good-looking and as one says developed girl she in
cultured

журналах читала серьезные статьи в отделе «Наук».
magazines read serious articles in department (of) sciences
the section

Он женился на ней, как только минул срок траура,
He married on/with her as only passed (a) term (of) mourning

и, покинув министерство уделов, куда по протекции
and leaving (the) ministry departments where on protections

отец его записал, блаженствовал со своею Машей
(of the) father him recorded blissfully with his Masha

сперва на даче около Лесного института, потом в
first on (a) dacha near (the) Forest institute then in

городе, в маленькой и хорошенькой квартире, с
town in (a) small and pretty apartment with

чистою лестницей и холодноватою гостиной, наконец —
clean stairs and cold drawing-room finally

в деревне, где он поселился окончательно и где у
in (the) village where he settled definitively and where with

него в скором времени родился сын Аркадий.
him in (a) quick time was born (the) son Arkady

Супруги жили очень хорошо и тихо: они почти
(The) spouses lived very good and quietly they almost

никогда не расставались, читали вместе, играли в
never -not- parted (they) read together (they) played in/with

четыре руки на фортепьяно, пели дуэты; она сажала цветы
four hands on (a) piano sang duets she planted flowers

и наблюдала за птичьим двором, он изредка ездил
and observed/looked after after (the) birds/the farm birds (of the) yard he occasionally went

на	охоту	и	занимался	хозяйством,	а	Аркадий	рос	да
on	(a) hunt	and	was occupied	in farming	and	Arkady	grew	yes

рос	—	тоже	хорошо	и	тихо.
grew		also	good	and	quietly

Десять	лет	прошло	как	сон.	В	47-м	году	жена
Ten	years	passed	like	sleep	In	47th	year	(the) wife

Кирсанова	скончалась.	Он	едва	вынес	этот	удар,
Kirsanova	deceased	He	hardly	bore out endured	this	blow

поседел	в	несколько	недель;	собрался	было	за
became gray	in	several	weeks	gathered himself he intended	was	for to go

границу,	чтобы	хотя	немного	рассеяться...	но	тут
(the) border out of country	in order to	maybe	a little	dissipate himself to distract himself	but	here

настал	48-й	год.	Он	поневоле	вернулся	в
(it) became	(the) 48th 1848 revolutions	year	He	unwillingly	returned	in

деревню	и	после	довольно	продолжительного
(the) village	and	after	rather	prolonged

бездействия	занялся	хозяйственными
inaction	engaged himself	(with) economic

преобразованиями.	В	55-м	году	он	повез	сына	в
transformations	In	(the) 55th (1855)	year	he	sent	(the) son	in

университет;	прожил	с	ним	три	зимы	в	Петербурге,
(the) university	stayed	with	him	three	winters	in	(saint) Petersburg

почти	никуда	не	выходя	и	стараясь	заводить	знакомства
almost	nowhere	not	leaving	and	trying	to acquire	acquaintance

с   молодыми   товарищами   Аркадия.   На   последнюю   зиму
with   (the) young   friends   (of) Arkady   On   (the) last   winter

он   приехать   не   мог,   —   и   вот   мы   видим   его   в   мае
he   to come   not   was able   and   here   we   see   him   in   May

месяце   1859   года,   уже   совсем   седого,   пухленького   и
month   (of) 1859   years   already   entirely   gray   chubby   and

немного   сгорбленного: он   ждет   сына,   получившего,   как
a little   hunched over   he   awaits   (the) son   who received   as

некогда   он   сам,   звание   кандидата.
no time   he   himself   (the) title   (of) candidate
once

Слуга,   из   чувства   приличия,   а   может   быть,   и   не
(The) servant   out of   feeling   (of) decency   and   can   be   and   not
maybe

желая   остаться   под   барским   глазом,   зашел   под
desiring   to stay   under   (the) lordly   eye   went out   under

ворота   и   закурил   трубку.   Николай   Петрович   поник
(the) gates   and   smoked   (the) pipe   Nikolai   Petrovitch   drooped

головой   и   начал   глядеть   на   ветхие   ступеньки
(with the) head   and   began   to look   at   (the) dilapidated   steps

крылечка: крупный   пестрый   цыпленок   степенно   расхаживал
(of the) porch   (a) large   motley   chicken   steadily   walked

по   ним,   крепко   стуча   своими   большими   желтыми   ногами;
on   it   strongly   knocking   his   great   yellow   feet

запачканная   кошка   недружелюбно   посматривала   на   него,
(a) stained   cat   unfriendly   looked   at   him
a dirty

жеманно прикорнув на перила. Солнце пекло; из
demurely snoozing on (the) railing (The) sun baked from

полутемных сеней постоялого дворика несло запахом
(the) semi-dark canopy (of the) lodging courtyard carried (the) smell
of the inn

теплого ржаного хлеба. Замечтался наш Николай Петрович.
(of) warm rye bread Daydreamed our Nikolai Petrovitch

«Сын… кандидат… Аркаша…» — беспрестанно вертелось у
Son candidate Arkasha incessantly spun with
(little Arkady)

него в голове; он пытался думать о чем-нибудь
him in (the) head he tried to think about something

другом, и опять возвращались те же мысли.
else and again returned himself those very thoughts

Вспомнилась ему покойница-жена… «Не дождалась!» —
Comes to mind to him (the) dead wife Not await (me) for long

шепнул он уныло… Толстый сизый голубь прилетел на
whispered he gloomily (A) fat blue pigeon arrived flying on

дорогу и поспешно отправился пить в лужицу
(the) road and in a hurry directed himself to drink in (a) puddle

возле колодца. Николай Петрович стал глядеть на него,
near (the) well Nikolai Petrovitch started to look at him

а ухо его уже ловило стук приближающихся
but (the) ear (of) his already caught (the) knock (of) approaching

колес…
wheels

— Никак они едут-с, — доложил слуга, вынырнув
Not-how they drive-sir reported (the) servant surfacing
It appears are coming sir

из-под ворот.
from under (the) gate

Николай Петрович вскочил и устремил глаза
Nikolai Petrovitch jumped and directed (the) eyes

вдоль дороги. Показался тарантас, запряженный
lengthwise (the) road Appeared (a) tartantas harnessed
along the road a carriage

тройкой ямских лошадей; в тарантасе мелькнул
(a) threesome (of) postal horses in (the) tarantas flashed
the carriage

околыш студенческой фуражки, знакомый очерк дорогого
(the) band (of the) student peak cap (the) familiar features (of the) good

лица...
face

— Аркаша! Аркаша! — закричал Кирсанов, и побежал,
Arkasha Arkasha yelled Kirsanov and started to run

и замахал руками... Несколько мгновений спустя его губы
and waved (his) arms Several moments later his lips

уже прильнули к безбородой, запыленной и загорелой
already nestled to (the) beardless dusty and tan

щеке молодого кандидата.
cheek (of the) young candidate

II
Chapter 2

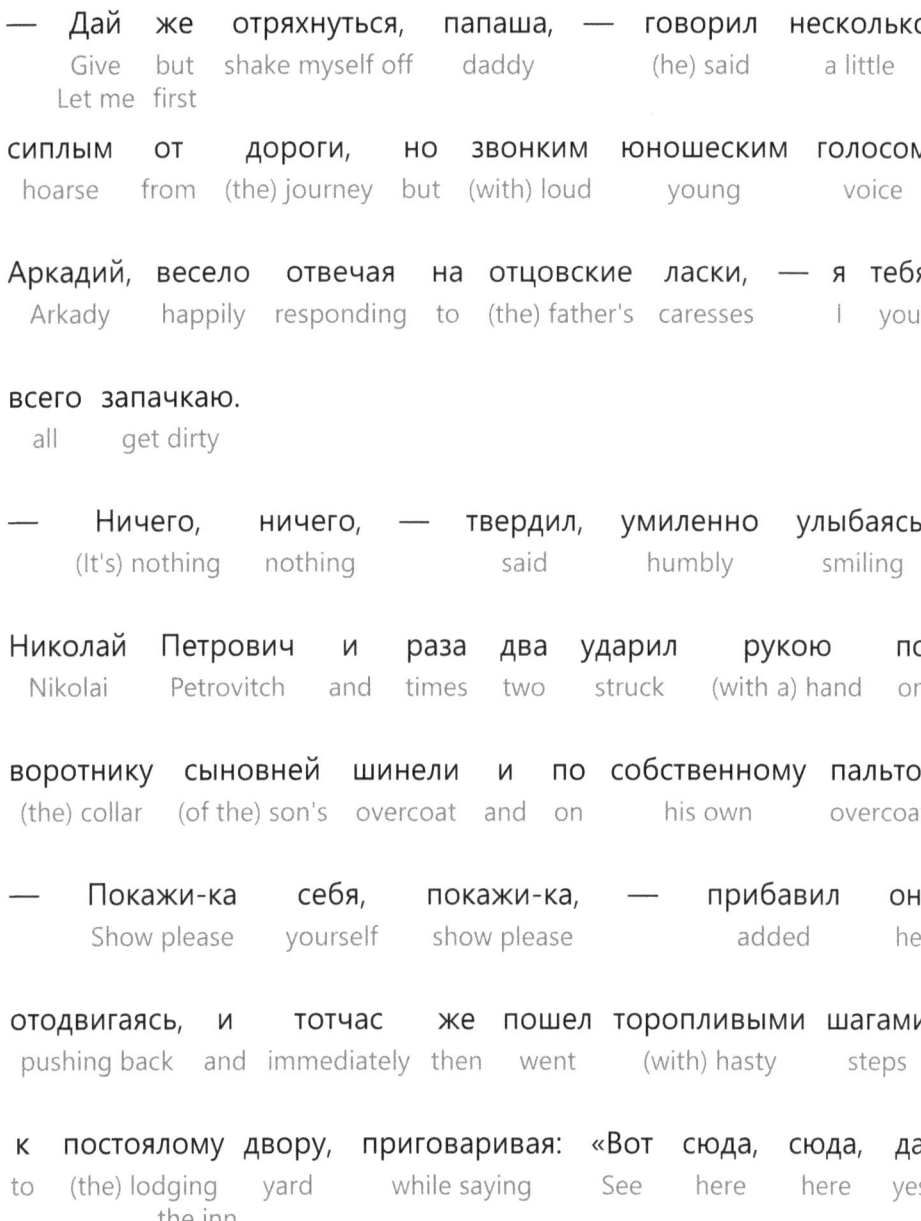

— Дай же отряхнуться, папаша, — говорил несколько
Give but shake myself off daddy (he) said a little
Let me first

сиплым от дороги, но звонким юношеским голосом
hoarse from (the) journey but (with) loud young voice

Аркадий, весело отвечая на отцовские ласки, — я тебя
Arkady happily responding to (the) father's caresses I you

всего запачкаю.
all get dirty

— Ничего, ничего, — твердил, умиленно улыбаясь,
(It's) nothing nothing said humbly smiling

Николай Петрович и раза два ударил рукою по
Nikolai Petrovitch and times two struck (with a) hand on

воротнику сыновней шинели и по собственному пальто.
(the) collar (of the) son's overcoat and on his own overcoat

— Покажи-ка себя, покажи-ка, — прибавил он,
Show please yourself show please added he

отодвигаясь, и тотчас же пошел торопливыми шагами
pushing back and immediately then went (with) hasty steps

к постоялому двору, приговаривая: «Вот сюда, сюда, да
to (the) lodging yard while saying See here here yes
the inn

лошадей   поскорее».
(the) horses   faster

Николай Петрович казался гораздо встревоженнее своего
Nikolai   Petrovitch   seemed   much   more anxious   (than) his

сына; он словно потерялся немного, словно робел.
son   he   as if   lost himself   a little   as if   (he) got shy

Аркадий остановил его.
Arkady   stopped   him

— Папаша, — сказал он, — позволь познакомить тебя с
Daddy   said   he   allow   to introduce   you   with

моим добрым приятелем, Базаровым, о   котором я тебе
my   good   friend   Bazarov   about   which   I   to you

так часто писал. Он так любезен, что согласился
so   often   wrote   He   (is) so   friendly   that   (he) agreed

погостить у нас.
to visit   with   us

Николай Петрович быстро обернулся и,   подойдя   к
Nikolai   Petrovitch   quickly   turned himself   and   after approaching   to

человеку высокого роста в длинном балахоне с   кистями,
(the) man   (of) tall   build   in   long   robes   with   brushes
tassels

только что вылезшему из тарантаса, крепко стиснул его
just   that   climbing out   of   tartantas   strongly   gripped   him
then   the carriage

обнаженную красную руку, которую тот не сразу ему
(the) bare   red   hand   which   that one   not   at once   to him

подал.
gave

— Душевно рад, — начал он, — и благодарен за
Mentally happy began he and grateful for
Very glad (to meet you)

доброе намерение посетить нас; надеюсь... позвольте
(the) good intention to visit us (I) hope please

узнать ваше имя и отчество?
to find out your name and patronymic

— Евгений Васильев, — отвечал Базаров ленивым, но
Eugene Vasiliev answered Bazarov with lazy but

мужественным голосом и, отвернув воротник
manly voice and by turning away (the) collar

балахона, показал Николаю Петровичу все свое лицо.
(of the) robes showed to Nikolai Petrovoch all his face

Длинное и худое, с широким лбом, кверху плоским,
Long and thin with wide forehead upwards flat

книзу заостренным носом, большими зеленоватыми
to-down (with) pointed nose (with) large greenish

глазами и висячими бакенбардами песочного цвету, оно
eyes and hanging whiskers (of) sandy color it

оживлялось спокойной улыбкой и выражало
brought to life (a) calm smile and expressed

самоуверенность и ум.
self-confidence and sense

— Надеюсь, любезнейший Евгений Васильич, что вы не
(I) hope (my) dear Eugene Vasilich that you not

соскучитесь у нас, — продолжал Николай Петрович.
are annoyed with us continued Nikolai Petrovitch

Тонкие губы Базарова чуть тронулись; но он ничего не
(The) thin lips (of) Bazarov hardly moved but he nothing not

отвечал и только приподнял фуражку. Его
answered and only raised (the) cap His

темно-белокурые волосы, длинные и густые, не скрывали
dark blond hair long and thick not hid

крупных выпуклостей просторного черепа.
(the) large bulge (of the) spacious skull

— Так как же, Аркадий, — заговорил опять Николай
So how then Arkady spoke again Nikolai

Петрович, оборачиваясь к сыну, — сейчас закладывать
Petrovitch turning around to (the) son now to put away

лошадей, что ли? Или вы отдохнуть хотите?
(the) horses what whether Or you rest want
you

— Дома отдохнем, папаша; вели закладывать.
At home let's rest daddy order to put away (the horses)

— Сейчас, сейчас, — подхватил отец. — Эй, Петр,
Now now grabbed (the) father Hey Peter

слышишь? Распорядись, братец, поживее.
(do you) hear Dispose of (them) brother get a move on

Петр, который в качестве усовершенствованного слуги не
Peter who in quality (of) improved servant not
of modernised

подошел к ручке барича, а только
approached to (the) little hand (of the) lord's son and only
kissed the hand

издали поклонился ему, снова скрылся под
from a distance bowed to him again disappeared under

воротами.
(the) gates

— Я здесь с коляской, но и для твоего тарантаса
I (am) here with (the) carriage but also for your tarantas
carriage

есть тройка, — хлопотливо говорил Николай
is (a) troika eagerly said Nikolai
a three horse span

Петрович, между тем как Аркадий пил воду из
Petrovitch between that as Arkady drank water from

железного ковшика, принесенного хозяйкой
(an) iron ladle brought by (the) mistress

постоялого двора, а Базаров закурил трубку и
(of the) lodging yard but Bazarov smoked (the) pipe and
of the inn

подошел к ямщику, отпрягавшему лошадей, — только
approached to (the) coachman harnessing (the) horses only

коляска двухместная, и вот я не знаю, как твой
(the) carriage double and here I not know how your

приятель…
friend

— Он в тарантасе поедет, — перебил вполголоса
He in (the) tarantass goes interrupted in half voice
    the carriage   (in a low voice)

Аркадий. — Ты с ним, пожалуйста, не церемонься. Он
Arkady   You with him please not (hold) ceremony He

чудесный малый, такой простой — ты увидишь.
(is a) wonderful chap so ordinary you (will) see

Кучер Николая Петровича вывел лошадей.
(The) coachman Nicholas Petrovich led out (the) horses

— Ну, поворачивайся, толстобородый! — обратился
Well turn thick-bearded (one) turned

Базаров к ямщику.
Bazarov to (the) coachman

— Слышь, Митюха, — подхватил другой тут же стоявший
Listen Mityukha grabbed another here then standing

ямщик с руками, засунутыми в задние прорехи
coachman with (his) arms shoved in in (the) back (of the) holes

тулупа, — барин-то тебя как прозвал?
(of the) tulupa   (the) master-then you how called
(sheepskin coat)

Толстобородый и есть.
Thick-bearded also (it) is

Митюха только шапкой тряхнул и потащил вожжи с
Mityukha only (the) hat shook and dragged (the) reins from

потной коренной.
(the) sweaty native

— Живей, живей, ребята, подсобляйте, — воскликнул
Alive alive guys help out exclaimed
Move on move on

Николай Петрович, — на водку будет!
Nikolai Petrovitch on vodka will be
theretip money

В несколько минут лошади были заложены; отец
In several minutes (the) horses were placed (the) father

с сыном поместились в коляске; Петр взобрался на
with (the) son placed himself in (the) carriage Peter climbed on

козлы; Базаров вскочил в тарантас, уткнулся
(the) coach box Bazarov jumped in (the) tatantas ducked
the carriage

головой в кожаную подушку — и оба экипажа
(with the) head in leather pillow and both equipage
carriages

покатили.
rolled

III
Chapter 3

— Так вот как, наконец ты кандидат и домой
So see here finally you (are) candidate and (at) home

приехал, — говорил Николай Петрович, потрогивая Аркадия
arrived said Nikolai Petrovitch touching Arkady

то по плечу, то по колену. — Наконец!
then on (the) shoulder then on (the) knee Finally

— А что дядя? здоров? — спросил Аркадий, которому,
And what uncle healthy asked Arkady to which
how is of which

несмотря на искреннюю, почти детскую радость, его
in spite on (the) sincere almost childlike happiness him
of

наполнявшую, хотелось поскорее перевести разговор
filling up wanted faster to lead (the) conversation

с настроения взволнованного на обыденное.
with (a) mood anxious on (the) ordinary

— Здоров. Он хотел было выехать со мной к тебе
Healthy He wanted was to go out with me to you

навстречу, да почему-то раздумал.
towards yes somehow reconsidered

— А ты долго меня ждал? — спросил Аркадий.
And you long me awaited asked Arkady

— Да часов около пяти.
Yes hours near five
about five hours

— Добрый папаша!
Good daddy

Аркадий живо повернулся к отцу и звонко
Arkady lively turned himself around to (the) father and loudly

поцеловал его в щеку. Николай Петрович тихонько
kissed him in cheek Nikolai Petrovitch silently
on the cheek

засмеялся.
laughed

— Какую я тебе славную лошадь приготовил! — начал
How I (for) you (a) blessed horse prepared began
a glorious

он, — ты увидишь. И комната твоя оклеена обоями.
he you (will) see And room yours covered (with) wallpaper

— А для Базарова комната есть?
And for Bazarov room is
is there a room

— Найдется и для него.
Will find (one) itself also for him

— Пожалуйста, папаша, приласкай его. Я не могу тебе
Please daddy be nice to him I not can to you

выразить, до какой степени я дорожу его дружбой.
express to what level I value his friendship

— Ты недавно с ним познакомился?
You recently with him were introduced

— Недавно.
Recently

— То-то прошлою зимой я его не видал.
This-then past winter I him not saw

Он чем занимается?
He what busies himself with
What does he do

— Главный предмет его — естественные науки. Да он
(The) main object (of) his natural sciences Yes he

все знает. Он в будущем году хочет держать на доктора.
all knows He in future year wants to hold for doctor
the next to study

— А! он по медицинскому факультету, — заметил
And he (is) at (of) medicine faculty noted
the faculty of medicine

Николай Петрович и помолчал. — Петр, — прибавил он
Nikolai Petrovitch and was silent Peter added he

и протянул руку, — это никак наши мужики едут?
and reached out (the) hand this in no way our farmers ride
there it appears

Петр глянул в сторону, куда указывал барин. Несколько
Peter looked in (the) side where showed (the) master Several

телег, запряженных разнузданными лошадьми, шибко
carts harnessed (with) unbridled horses fast

катились по узкому проселку. В каждой телеге сидело
rode on (the) narrow country road In each cart was sitting

по одному, много по два мужика в тулупах
by alone much on two peasants in sheepskin coats
themselves many with

нараспашку.
unbuttoned

— Точно так-с, — промолвил Петр.
Exactly so-sir uttered Peter

— Куда это они едут, в город, что ли?
Where this they ride in (the) city what whether

— Полагать надо, что в город. В кабак, —
Lie down necessary that in (the) city In (the) tavern

прибавил он презрительно и слегка наклонился к
added he contemptuously and slightly kneeled to
bowed

кучеру, как бы ссылаясь на него. Но тот даже
(the) coachman as would referred to him But that one even

не пошевельнулся: это был человек старого закала, не
not stirred this was (a) man (of the) old temper not

разделявший новейших воззрений.
sharing new views

— Хлопоты у меня большие с мужиками в
Troubles with me big with (the) peasants in

нынешнем году, — продолжал Николай Петрович,
(the) new year continued Nikolai Petrovitch

обращаясь к сыну. — Не платят оброка. Что ты
turning to (the) son Not (they) pay (the) servage What you
quitrent

будешь делать?
will do

— А   своими   наемными   работниками   ты   доволен?
And (with) your   hired   workers   you (are) content

— Да, — процедил   сквозь   зубы   Николай   Петрович. —
Yes   strained   through (the) teeth   Nikolai   Petrovitch

Подбивают   их,   вот   что   беда;   ну,   и   настоящего
(They) incite   them   here   what   misfortune   well   and   real

старания   все   еще   нету.   Сбрую   портят.   Пахали,
endeavors   all   still   is not there   Harness   (they) spoil   (They) plowed

впрочем,   ничего.   Перемелется   —   мука   будет.   Да   разве
however   nothing   (They) will grind   flour   will be   Yes   perhaps

тебя   теперь   хозяйство   занимает?
you   now   farming   take up

— Тени   нет   у   вас,   вот   что   горе, —   заметил   Аркадий,
Shade   not   with   you   here   what   grief   noted   Arkady

не   отвечая   на   последний   вопрос.
not   responding   on   (the) last   question

— Я   с   северной   стороны   над   балконом   большую
I   from   (the) northern   side   over   (the) balcony   (a) big

маркизу   приделал, —   промолвил   Николай   Петрович, —
blinds   attach   uttered   Nikolai   Petrovitch
sun screen   put up

теперь   и   обедать   можно   на   воздухе.
now   and   to dine   possible   on   air
                                        in the open air

— Что-то   на   дачу   больно   похоже   будет...   а
Something   on   (the) dacha   painful   similar   will be   and

впрочем, это все пустяки. Какой зато здесь воздух! Как
however this all trifles What instead here (the) air How

славно пахнет! Право, мне кажется, нигде в мире
nice (it) smells Right to me (it) seems nowhere in (the) world

так не пахнет, как в здешних краях! Да и небо
so not (it) smells as in here regions Yes and (the) sky
                                 the local

здесь...
here

Аркадий вдруг остановился, бросил косвенный взгляд
Arkady suddenly stopped (he) threw (an) indirect glance

назад и умолк.
back and fell silent

— Конечно, — заметил Николай Петрович, — ты здесь
Of course noted Nikolai Petrovitch you here

родился, тебе все должно казаться здесь чем-то
were born to you all must appear here with something

особенным...
special

— Ну, папаша, это все равно, где бы человек ни
Well daddy this (is) all (the) same where would man not
                                         a man would

родился.
was born
be born

— Однако...
However

— Нет, это совершенно все равно.
No this completely (is) all (the) same

Николай Петрович посмотрел сбоку на сына, и
Nikolai Petrovitch looked from the side at (the) son and

коляска проехала с полверсты, прежде чем
(the) carriage passed with half a mile before with that

разговор возобновился между ними.
(the) conversation renewed between them

— Не помню, писал ли я тебе, — начал Николай
Not (I) remember wrote whether I to you began Nikolai

Петрович, — твоя бывшая нянюшка, Егоровна, скончалась.
Petrovitch your previous nanny Egorovna deceased

— Неужели? Бедная старуха! А Прокофьич жив?
Really Poor old woman And Prokofich alive

— Жив и нисколько не изменился. Все так же брюзжит.
Alive and not a bit not has changed All so then grumbles

Вообще ты больших перемен в Марьине не найдешь.
In general you (a) large change in Marina not (you) will find

— Приказчик у тебя все тот же?
(The) steward with you all that one then
                                          still

— Вот разве что приказчика я сменил. Я решился не
Here perhaps that (the) steward I changed I decided not

держать больше у себя вольноотпущенных, бывших
to hold more with myself freed-men former

дворовых, или по крайней мере, не поручать им
yards(folk) or on extreme measure not entrust them
at least

никаких должностей, где есть ответственность. (Аркадий
(with) no functions where is responsibility Arkady
with any

указал глазами на Петра.) Il est libre, en effet, — заметил
indicated (the) eyes on Peter He is free in effect noted
fixed

вполголоса Николай Петрович, — но ведь он —
in half voice Nikolai Petrovitch but indeed he
(in a low voice)

камердинер. Теперь у меня приказчик из
(a) valet Now with me (the) steward (is) from

мещан: кажется, дельный малый. Я ему назначил
petty bourgeois (it) seems (a) sensible chap I to him began

двести пятьдесят рублей в год. Впрочем, — прибавил
two hundred fifty rubles in year However added

Николай Петрович, потирая лоб и брови
Nikolai Petrovitch rubbing (the) forehead and (the) eyebrows

рукою, что у него всегда служило признаком
(with a) hand that with him always served a sign

внутреннего смущения, — я тебе сейчас сказал, что ты
(of the) inner embarrassment I to you now said that you

не найдешь перемен в Марьине… Это не совсем
not will find change in Marina This not entirely

справедливо. Я считаю своим долгом предварить тебя,
correct I count my duty to anticipate you
to warn

хотя...
although

Он запнулся на мгновенье и продолжал уже
He faltered for (an) instant and continued already

по-французски.
in French

— Строгий моралист найдет мою откровенность
(A) strict moralist will find my openness

неуместною, но, во-первых, это скрыть нельзя, а
inappropriate but firstly this to hide (is) impossible and

во-вторых, тебе известно, у меня всегда были особенные
in second to you is known with me always were unique

принципы насчет отношений отца к сыну.
principles about relations (of the) father to (the) son
ideas

Впрочем, ты, конечно, будешь вправе осудить меня. В мои
However you of course will be in right to judge me In my

лета... Словом, эта... эта девушка, про которую ты,
year (With one) word this this girl about which you

вероятно, уже слышал...
probably already heard

— Фенечка? — развязно спросил Аркадий.
Fenechka cheekily asked Arkady

Николай Петрович покраснел.
Nikolai Petrovitch became red

— Не называй ее, пожалуйста, громко… Ну, да… она
Not name her please loudly Well yes she

теперь живет у меня. Я ее поместил в доме… там
now lives with me I her put up in (the) house there

были две небольшие комнатки. Впрочем, это все можно
were two not large little rooms However this all (is) possible

переменить.
to change

— Помилуй, папаша, зачем?
Have mercy daddy why

— Твой приятель у нас гостить будет… неловко…
Your friend with us to visit will be (it's) awkward

— Насчет Базарова ты, пожалуйста, не беспокойся. Он
About Bazarov you please not worry He

выше всего этого.
(is) higher (than) all this

— Ну, ты, наконец, — проговорил Николай Петрович. —
Well you finally spoke Nikolai Petrovitch

Флигелек-то плох — вот беда.
(The) outbuilding then (is) worse here misfortune

— Помилуй, папаша, — подхватил Аркадий, — ты как
Have mercy daddy grabbed Arkady you as

будто извиняешься; как тебе не совестно.
if apologizing as to you not embarrassing

— Конечно, мне должно быть совестно, — отвечал
Of course to me (it) must be embarrassing answered

Николай Петрович, все более и более краснея.
Nikolai Petrovitch all more and more flushed

— Полно, папаша, полно, сделай одолжение! — Аркадий
Enough daddy enough make favor Arkady

ласково улыбнулся. «В чем извиняется!» — подумал он
affectionately smiled In what (you) apologize thought he
For

про себя, и чувство снисходительной нежности к
for himself and feeling condescending tenderness to

доброму и мягкому отцу, смешанное с ощущением
(the) good and soft father mixed with (a) feeling

какого-то тайного превосходства, наполнило его душу.
(of) some-then secret superiority filled him (the) spirit

— Перестань, пожалуйста, — повторил он еще раз,
Stop please repeated he another time

невольно наслаждаясь сознанием собственной развитости
involuntarily enjoying (the) knowledge (of) his own development

и свободы.
and freedom

Николай Петрович глянул на него из-под пальцев
Nikolai Petrovitch looked at him from under (the) fingers

руки, которою он продолжал тереть себе
(of the) hands which he continued to rub himself

лоб, и что-то кольнуло его в сердце… Но он
(the) forehead and something stung him in (the) heart But he

тут же обвинил себя.
here then accused himself

— Вот это уж наши поля пошли, — проговорил он
Here this already our fields went spoke he
came by

после долгого молчания.
after (a) long silence

— А это впереди, кажется, наш лес? — спросил
And this in front (it) seems our forest asked

Аркадий.
Arkady

— Да, наш. Только я его продал. В нынешнем году его
Yes ours Only I him sold In (the) current year him
it it

сводить будут.
to reduce will be

— Зачем ты его продал?
Why you him sold
it

— Деньги были нужны; притом же эта земля отходит к
Moneys were needed besides then this land goes out to
The money was

мужикам.
(the) peasants

— Которые тебе оброка не платят?
Which to you servage not pay
rent

— Это уж их дело, а впрочем, будут же они
This already their matter and however will be then they

когда-нибудь платить.
sometime to pay

— Жаль леса, — заметил Аркадий и стал глядеть
Pity (of the) forest noted Arkady and started to look

кругом.
around

Места, по которым они проезжали, не могли назваться
(The) place on which they passed through not could be called

живописными. Поля, все поля, тянулись вплоть до
pictoresque (The) fields all (the) fields dragged on up to to

самого небосклона, то слегка вздымаясь, то опускаясь
(the) very firmament then slightly itself heaving then going down
horizon

снова; кое-где виднелись небольшие леса, и, усеянные
again somewhere was seen not large forest and dotted with
a small

редким и низким кустарником, вились овраги, напоминая
rare and low bushes winding ravines reminding

глазу их собственное изображение на старинных
(the) eyes (of) their own image on old

планах екатерининского времени. Попадались и речки
maps (of) Yekaterinna's times (There) occurred also creeks
There were

с обрытыми берегами, и крошечные пруды с худыми
with open banks and tiny ponds with thin

плотинами, и деревеньки с низкими избенками под
dams and little villages with low huts under

темными, часто до половины разметанными крышами, и
dark often to halves destroyed roofs and
half

покривившиеся молотильные сарайчики с плетенными
twisted threshing sheds with braided

из хвороста стенами и зевающими воротищами возле
from brushwood walls and yawning fences near
gaping

опустелых гумен, и церкви, то кирпичные с
deserted barns and churches then brick with

отвалившеюся кое-где штукатуркой, то деревянные с
fallen off somewhere plaster then wooden with

наклонившимися крестами и разоренными кладбищами.
bent over crosses and ruined cemeteries

Сердце Аркадия понемногу сжималось. Как нарочно,
(The) heart (of) Arkady little by little clenched As purposely

мужички встречались все обтерханные, на плохих
(the) farmers met each other all shabby on bad

клячонках; как нищие в лохмотьях, стояли придорожные
nags as beggars in rags stood roadside

ракиты с ободранною корой и обломанными ветвями;
willows with skinned bark and (with) cut off branches

исхудалые, шершавые, словно обглоданные, коровы жадно
(the) emaciated rough as if gnawed cows eagerly

щипали	траву	по	канавам.	Казалось,	они	только	что
nipped	grass	on	(the) ditches	(It) seemed	they	only	that just then

вырвались	из	чьих-то	грозных,	смертоносных	когтей —
broke out	from	some-then	fearsome	death-carrying lethal	claws

и,	вызванный	жалким	видом	обессиленных	животных,
and	called out	(with) pathetic	look	(the) exhausted	animals

среди	весеннего	красного	дня	вставал	белый	призрак
among	(the) spring	beautiful	days	got up	(the) white	ghost

безотрадной,	бесконечной	зимы	с	ее	метелями,
(of) bleak	endless	winter	with	her	snow storms

морозами	и	снегами...	«Нет, —	подумал	Аркадий, —
(with) frosts	and	snows	No	thought	Arkady

небогатый	край	этот,	не	поражает	он	ни
(a) poor	territory	(is) this	not	strikes amazes	it	neither

довольством,	ни	трудолюбием;	нельзя,	нельзя	ему
(with) contentment	nor	industriousness	impossible	impossible	to him

так	остаться,	преобразования	необходимы...	но	как	их
so like this	to stay	transformations changes	(are) necessary	but	how	them

исполнить,	как	приступить?..»
to carry out	how	to start

Так	размышлял	Аркадий...	а	пока	он	размышлял,	весна
So	reflected	Arkady	and	while	he	reflected	Spring

брала	свое.	Все	кругом	золотисто	зеленело,	все
took	its (own)	All	around	golden	greened	everything

широко	и	мягко	волновалось	и	лоснилось	под	тихим
widely	and	softly	surged	and	shone	under	(a) quiet

дыханием	теплого	ветерка,	все	—	деревья,	кусты
breathing	warm	little wind	everything		trees	(the) bushes

и	травы;	повсюду	нескончаемыми	звонкими	струйками
and	(the) grass	everywhere	endless	sounds	(with) spurts

заливались	жаворонки;	чибисы	то	кричали,	виясь	над
flooded	(the) larks	lapwings	then	chirped	winding	over

низменными	лугами,	то	молча	перебегали	по	кочкам;
low	meadows	then	silently	ran across	on	bumps

красиво	чернея	в	нежной	зелени	еще	низких	яровых
beautifully	blackening	in	(the) gentle	green	still	low	Spring

хлебов,	гуляли	грачи;	они	пропадали	во	ржи,	уже
grain	strolled	(the) rooks	they	disappeared	in	(the) rye	already

слегка	побелевшей,	лишь	изредка	выказывались	их
slightly	whitened	just	occasionally	expressed stuck out	(of) them

головы	в	дымчатых	ее	волнах.	Аркадий	глядел,	глядел,
(the) head	in	(the) smoky	(of) her	waves	Arkady	looked	looked

и,	понемногу	ослабевая,	исчезали	его	размышления…	Он
and	little by little	weakened	disappeared	his	reflections	He

сбросил	с	себя	шинель	и	так	весело,
threw out	from	himself	(the) overcoats	and	so	became happy

таким	молоденьким	мальчиком	посмотрел	на	отца,
(like) such	(a) young	boy	looked	at	(the) father

что тот опять его обнял.
that that one again him embraced

— Теперь уж недалеко, — заметил Николай Петрович,
Now already not far noted Nikolai Petrovitch

— вот стоит только на эту горку подняться, и дом
here stands only on this hill to climb and (the) house

будет виден. Мы заживем с тобой на славу, Аркаша;
will be visible We will start to live with you on glory Arkasha

ты мне помогать будешь по хозяйству, если только это
you me to help will on (the) farm if only this

тебе не наскучит. Нам надобно теперь тесно
to you not bores To us (it) is necessary now close

сойтись друг с другом, узнать друг друга
to go together friend with (the) other to find out friend (the) other
with each other to get to know each other

хорошенько, не правда ли?
(a) little well not true whether
thoroughly

— Конечно, — промолвил Аркадий, — но что за чудный
Of course uttered Arkady but what for wonderful

день сегодня!
day today

— Для твоего приезда, душа моя. Да, весна в полном
For your visit soul mine Yes Spring in full

блеске. А впрочем, я согласен с Пушкиным —
splendor And however I agree with Pushkin

помнишь, в Евгении Онегине:
(you) remember in Yevgeni Onegin

Как грустно мне твое явленье,
How sad to me your appearance

Весна, весна, пора любви!
Spring Spring time (of) love

Какое...
What

— Аркадий! — раздался из тарантаса голос Базарова,
Arkady rang out from tarantas (the) voice (of) Bazarov
the carriage

— пришли мне спичку, нечем трубку раскурить.
arrived to me (a) match with nothing (the) pipe to smoke
get

Николай Петрович умолк, а Аркадий, который начал
Nikolai Petrovitch fell silent and Arkady who began

было слушать его не без некоторого изумления, но
was to listen to him not without some astonishment but

и не без сочувствия, поспешил достать из кармана
also not without sympathies hurried to get from (the) pocket

серебряную коробочку со спичками и послал ее
(a) silver box with matches and sent her

Базарову с Петром.
to Bazarov with Peter

— Хочешь сигарку? — закричал опять Базаров.
(You) want (a) cigar yelled again Bazarov

— Давай, — отвечал Аркадий.
Let's answered Arkady

Петр вернулся к коляске и вручил ему вместе с
Peter returned to (the) carriage and handed to him together with

коробочкой толстую черную сигарку, которую Аркадий
(the) box (a) thick black cigar which Arkady

немедленно закурил, распространяя вокруг себя такой
immediately smoked spreading around himself such

крепкий и кислый запах заматерелого табаку, что Николай
(a) strong and sour smell (of) seasoned tobacco that Nikolai

Петрович, отроду не куривший, поневоле, хотя
Petrovitch from birth not smoking unwillingly although
all his life

незаметно, чтобы не обидеть сына, отворачивал
unnoticeably in order to not offend (the) son turned away

нос.
(the) nose

Четверть часа спустя оба экипажа остановились перед
(A) quarter (of an) hour later both equipages stopped before
carriages

крыльцом нового деревянного дома, выкрашенного
(the) porch (of the) new wooden home painted

серою краской и покрытого железною красною
(with) gray paint and covered (with) iron red

крышей. Это и было Марьино, Новая слободка тож, или,
roof This also was Marina New settlement also or

по крестьянскому наименованью, Бобылий хутор.
by (the) peasant   name   (the) Bean   farm

IV
Chapter 4

Толпа дворовых не высыпала на крыльцо
(The) crowd (of the) courtyard not poured out on (the) porch
                              not exactly ran out

встречать господ; показалась всего одна девочка
to welcome (the) gentlemen (there) appeared all one girl
                                             only

лет двенадцати, а вслед за ней вышел из
years (of) twelve and in following behind her went out from

дому молодой парень, очень похожий на Петра, одетый
(the) house (a) young guy very similar to Peter dressed

в серую ливрейную куртку с белыми гербовыми
in gray livery jacket with white stamped

пуговицами, слуга Павла Петровича Кирсанова. Он
buttons (the) servant (of) Pavel Petrovich Kirsanova He

молча отворил дверцу коляски и отстегнул фартук
silently opened (the) door (of the) carriage and unfastened (the) apron

тарантаса. Николай Петрович с сыном и с
(of the) tarantas Nikolai Petrovitch with (the) son and with
of the carriage

Базаровым отправились через темную и почти пустую
Bazarov set off after (the) dark and almost empty

залу, из-за двери которой мелькнуло молодое
hall from behind (the) door of which flashed (a) young

женское   лицо,   в   гостиную,   убранную   уже   в
woman's   face   into   (the) drawing room   decorated   already   in

новейшем   вкусе.
newest   taste
fashion

— Вот   мы   и   дома, — промолвил   Николай   Петрович,
Here   we   also   at home   declared   Nikolai   Petrovitch

снимая   картуз   и   встряхивая   волосами. —   Главное,
taking off   (the) cap   and   shaking   (with the) hair   (The) main (thing)

надо   теперь   поужинать   и   отдохнуть.
necessary   now   to dine   and   to rest

— Поесть   действительно   не   худо, —   заметил, потягиваясь,
To eat   really   not   bad   noted   stretching

Базаров   и   опустился   на диван.
Bazarov   and   let himself down   on   (the) couch
dropped himself

— Да,   да,   ужинать   давайте,   ужинать   поскорее. — Николай
Yes   yes   to dine   let's   dine   faster   Nikolai

Петрович   без   всякой   видимой   причины   потопал   ногами.
Petrovitch   without   every   visible   reason   stomped   (the) feet

— Вот   кстати   и   Прокофьич.
Here   by the way   also   Prokofich

Вошел   человек   лет   шестидесяти,   беловолосый,   худой   и
Entered   (a) man   years   sixty   white-haired   thin   and
of about sixty

смуглый,   в   коричневом   фраке   с   медными   пуговицами
dark   in   brown   tail coat   with   copper   buttons

и в розовом платочке на шее. Он осклабился,
and in pink handkerchief on neck He grinned
with a pink scarf around his neck

подошел к ручке к Аркадию и, поклонившись
approached to handle to Arkady and bowing himself
the side of

гостю, отступил к двери и положил руки
(for the) guest retreated to (the) door and put (the) hands

за спину.
behind (the) back

— Вот он, Прокофьич, — начал Николай Петрович, —
Here he (is) Prokofich began Nikolai Petrovitch

приехал к нам наконец… Что? как ты его находишь?
arrived to us finally What how you him find

— В лучшем виде-с, — проговорил старик и
In (the) best view-sir spoke (the) old man and

осклабился опять, но тотчас же нахмурил свои густые
grinned again but immediately then frowned his thick

брови. — На стол накрывать прикажете? —
eyebrows On (the) table to cover (you) order (me)
To set the table

проговорил он внушительно.
spoke he imposingly

— Да, да, пожалуйста. Но не пройдете ли вы сперва в
Yes yes please But not go maybe you first in

вашу комнату, Евгений Васильич?
your room Eugene Vasilich

— Нет, благодарствуйте, незачем. Прикажите только
No   thank you   not-for-what   Order   only
there's no reason   Send

чемоданишко мой туда стащить да вот эту одеженку, —
suitcase   my   there   steal   yes   here   this   little clothing

прибавил он, снимая с себя свой балахон.
added   he   taking off   from   himself   his   robe

— Очень хорошо. Прокофьич, возьми же их шинель.
Very   good   Prokofich   take   then   their   overcoats

(Прокофьич, как бы с недоумением, взял обеими
Prokofich   as   would be   with   bewilderment   took   (with) both

руками базаровскую «одеженку» и, высоко подняв ее над
arms   Bazarov's   little clothing   and   high   raising   her   over

головою, удалился на цыпочках.) А ты, Аркадий,
(the) head   distanced himself   on   tip-toes   And   you   Arkady

пойдешь к себе на минутку?
(you) go   to   yourself   for   (a) minute
your room

— Да, надо почиститься, — отвечал Аркадий и
Yes   necessary   to clean myself   answered   Arkady   and

направился было к дверям, но в это мгновение вошел
directed himself   was   to   (the) doors   but   in   this   moment   entered
was about to go

в гостиную человек среднего роста, одетый в
in   (the) drawing room   (a) man   (of) average   build   dressed   in

темный английский съют, модный низенький галстух
dark   English   suit   fashionable   very low   tie

и лаковые полусапожки, Павел Петрович Кирсанов.
and lacquered halter boots Pavel Petrovitch Kirsanov

На вид ему было лет сорок пять: его коротко
On view to him was years forty five his short
He appeared to be about

остриженные седые волосы отливали темным блеском, как
trimmed gray hairs poured off (with) dark glitter like
hair hair shone

новое серебро; лицо его, желчное, но без морщин,
new silver face his jaundiced but without wrinkles
his face

необыкновенно правильное и чистое, словно выведенное
unusually straight and empty as if derived
created

тонким и легким резцом, являло следы красоты
(with a) thin and light cutter showed traces (of) beauty

замечательной; особенно хороши были светлые, черные,
wonderful especially good were (the) bright black

продолговатые глаза. Весь облик Аркадиева дяди,
oblong eyes (The) whole image (of) Arkady's uncle

изящный и породистый, сохранил юношескую стройность
elegant and thoroughbred guarded juvenile slimness

и то стремление вверх, прочь от земли, которое
and this tendency upward averse from (the) ground which

большею частью исчезает после двадцатых годов.
(for a) large part disappears after twenty years
normally

Павел Петрович вынул из кармана панталон свою
Pavel Petrovitch took out from (the) pocket (of his) trousers his

красивую руку с длинными розовыми ногтями, —
beautiful hand with long pink nails

руку, казавшуюся еще красивей от снежной белизны
(the) hand seeming still prettier from snowy whiteness

рукавчика, застегнутого одиноким крупным опалом, и
(of the) sleeve buttoned up (with a) single large opal and

подал ее племяннику. Совершив предварительно
gave her (to the) nephew Having committed tentatively
shook it with his nephew

европейское «shake hands», он три раза, по-русски,
European shake hands he three times in Russian

поцеловался с ним, то есть три раза прикоснулся
kissed with him that is three times touched

своими душистыми усами до его щек, и проговорил:
(with) his fragrant moustaches to his cheeks and said

«Добро пожаловать».
Well to visit
Welcome

Николай Петрович представил его Базарову: Павел
Nikolai Petrovitch presented him (to) Bazarov Pavel

Петрович слегка наклонил свой гибкий стан и слегка
Petrovitch slightly tilted his flexible figure and lightly

улыбнулся, но руки не подал и даже положил ее
smiled but (the) hands not gave and even put her

обратно в карман.
back in (the) pocket

— Я уже думал, что вы не приедете сегодня, —
I already thought that you not come today

заговорил он приятным голосом, любезно покачиваясь,
spoke he (with) pleasant voice curiously rocking

подергивая плечами и показывая прекрасные белые
twitching (the) shoulders and showing excellent white

зубы. — Разве что на дороге случилось?
teeth Perhaps that on (the) road happened
something

— Ничего не случилось, — отвечал Аркадий, — так,
Nothing not happened answered Arkady so

замешкались немного. Зато мы теперь голодны, как волки.
delayed a little Instead we now hungry as wolves

Поторопи Прокофьича, папаша, а я сейчас вернусь.
Hurry up Prokofyicha daddy and I now shall come back

— Постой, я с тобой пойду, — воскликнул Базаров,
Calm down I with you will go exclaimed Bazarov

внезапно порываясь с дивана. Оба молодые человека
suddenly rushing himself from (the) sofa Both young men

вышли.
went out

— Кто сей? — спросил Павел Петрович.
Who (is) this asked Pavel Petrovitch

— Приятель Аркаши, очень, по его словам,
(A) friend (of) Arkashi (a) very by his words
of little Arkady according to

умный   человек.
intelligent   man

— Он   у   нас гостить будет?
He with us   to visite   will be

— Да.
Yes

— Этот волосатый?
This   hairy (one)

— Ну да.
Well yes

Павел Петрович постучал ногтями по столу.
Pavel   Petrovitch   knocked   (the) nails on (the) table

— Я нахожу, что Аркадий   s'est   dégourdi, — заметил
I   find   that   Arkady   himself is unroughed   noted
(French) smartened up

он. — Я   рад   его   возвращению.
he   I (am) happy (with) his   return

За ужином разговаривали мало. Особенно Базаров почти
For dinner   (they) talked   little Especially Bazarov almost

ничего не говорил, но   ел   много. Николай Петрович
nothing not said   but was eating much   Nikolai   Petrovitch

рассказывал разные случаи из своей, как он выражался
told   various   cases from his   as   he expressed

фермерской   жизни,   толковал   о   предстоящих
farm   life   (he) explained about (the) upcoming

правительственных мерах, о комитетах, о депутатах,
government measures about committees about deputies

о необходимости заводить машины и т.д. Павел
about (the) need to acquire machines and etc Pavel

Петрович медленно похаживал взад и вперед по
Petrovitch slowly wandered backwards and forward on

столовой (он никогда не ужинал), изредка
(the) dining room he never not dined occasionally

отхлебывая из рюмки, наполненной красным вином, и
sipping from shot glasses filled with red wine and

еще реже произнося какое-нибудь замечание или скорее
still rare saying some remark or quick
even rarer

восклицание, вроде «а! эге! гм!». Аркадий сообщил
exclamation kind of a eh hm Arkady reported

несколько петербургских новостей, но он ощущал
several Petersburg news but he sensed

небольшую неловкость, ту неловкость, которая
(the) small discomfort that discomfort which

обыкновенно овладевает молодым человеком, когда он
usually masters (with the) young man when he

только что перестал быть ребенком и возвратился в
only that stopped to be child and returned in
just to

место, где привыкли видеть и считать его ребенком.
place where (they) are used to see and to consider him (a) child
the place

Он без нужды растягивал свою речь, избегал слова
He without needs stretched his speech avoided (the) word

«папаша» и даже раз заменил его словом «отец»,
daddy and even once replaced it (with the) word father

произнесенным, правда, сквозь зубы; с излишнею
uttered true through (the) teeth with unnecessary

развязностью налил себе в стакан гораздо больше вина,
swagger poured himself in (a) glass much more wine

чем самому хотелось, и выпил все вино.
with what (he) himself wanted and drank all (the) wine
than

Прокофьич не спускал с него глаз и только
Prokofich not drops from him (the) eyes and only

губами пожевывал. После ужина все тотчас
(with the) lips chewed After dinner all immediately

разошлись.
broke up

— А чудаковат у тебя дядя, — говорил Аркадию
And weirdo with you uncle said (to) Arkady
What a is your uncle

Базаров, сидя в халате возле его постели и
Bazarov sitting in dressing gown beside his bed and

насасывая короткую трубочку. — Щегольство какое в
sucking (a) short little pipe Dandy what in
Some dandy

деревне, подумаешь! Ногти-то, ногти, хоть на
(the) village (you) think Nails-then (the) nails might as well on

выставку   посылай!
exhibition   sent

— Да   ведь   ты   не   знаешь, — ответил Аркадий, —   ведь
Yes indeed you not   know   answered Arkady   indeed

он львом был в свое время. Я когда-нибудь расскажу
he   lion   was in   his   time   I   sometime   tell

тебе   его   историю. Ведь он красавцем был, голову
to you his   story   Indeed he   handsome   was (the) head

кружил женщинам.
circled   women

— Да, вот что! По старой, значит, памяти.
Yes here that On (an) old person (it) means (the) memory

Пленять-то здесь, жаль, некого. Я все смотрел: этакие у
Captivate   here   pity   no one   I   all   looked   such as with

него   удивительные   воротнички,   точно   каменные,   и
him   amazing   collars   as if   stone   and

подбородок так аккуратно выбрит. Аркадий Николаич, ведь
(the) chin   so   accurately   shaven   Arkady   Nikolaich   indeed

это смешно?
this (is) funny

— Пожалуй; только он, право, хороший человек.
Perhaps   only   he (is) truly   (a) good   man

— Архаическое явление! А отец у тебя славный
Archaic   phenomenon And (the) father with you (is a) nice

малый. Стихи он напрасно читает и в хозяйстве вряд
chap Poems he in vain reads and in (a) household hardly

ли смыслит, но он добряк.
whether (is) able to reason but he (is a) good soul

— Отец у меня золотой человек.
(The) father with me (is a) golden man

— Заметил ли ты, что он робеет?
Noted whether you that he is shy

Аркадий качнул головою, как будто он сам не робел.
Arkady lowered (the) head as if he himself -not- got shy

— Удивительное дело, — продолжал Базаров, — эти
Amazing matter continued Bazarov these

старенькие романтики! Разовьют в себе нервную
old romantics Develop in themselves (a) nervous

систему до раздражения... ну, равновесие и нарушено.
system to irritations well balance also broken

Однако прощай! В моей комнате английский рукомойник,
However goodbye In my room (is an) English hand wash basin

а дверь не запирается. Все-таки это поощрять
and (the) door not locked All-so this to encourage
(Nonetheless)

надо — английские рукомойники, то есть прогресс!
necessary English hand basins this is progress

Базаров ушел, а Аркадием овладело радостное чувство.
Bazarov left and Arkady overwhelmed (a) joyful feeling

Сладко засыпать в родимом доме, на знакомой постеле,
Sweetly to fall asleep in (the) family house on (a) familiar bed

под одеялом, над которым трудились любимые руки,
under (the) blanket over which worked beloved hands

быть может руки нянюшки, те ласковые, добрые и
be can (the) hands (of) nannies those affectionate good and

неутомимые руки. Аркадий вспомнил Егоровну, и
tireless hands Arkady recalled Egorovna and

вздохнул, и пожелал ей царствия небесного... О
sighed and wished her (in the) kingdom of heaven About

себе он не молился.
himself he not prayed

И он и Базаров заснули скоро, но другие лица в
And he and Bazarov fell asleep soon but other persons in

доме долго еще не спали. Возвращение сына
(the) house long still not slept (The) return (of the) son

взволновало Николая Петровича. Он лег в постель, но не
excited Nicholas Petrovich He lay in (the) bed but not

загасил свечки и, подперши рукою голову,
extinguished (the) candles and propping up (with a) hand (the) head

думал долгие думы. Брат его сидел далеко за
thought long thoughts Brother his sat far after

полночь в своем кабинете, на широком гамбсовом кресле,
midnight in his office on (a) wide Gumbsian chair

каминым, в котором слабо тлел каменный уголь.
(the) fireplace in which weakly smoldered stone charcoal
(the) fireplace

Павел Петрович не раздделся, только китайские
Pavel Petrovitch not undressed himself only (for) Chinese
did not undress himself

красные туфли без задков сменили на его ногах
beautiful shoes without backs exchanged on his feet
heels

лаковые полусапожки. Он держал в руках
(the) lacquered halter boots He held in (the) hands

последний нумер Galignani, но он не читал; он глядел
(the) last number (of) Galignani but he not (it) read he looked

пристально в камин, где, то замирая, то
fixedly in (the) fireplace where then dying then

вспыхивая, вздрагивало голубоватое пламя... Бог знает, где
flaring up trembled (a) bluish flame god knows where

бродили его мысли, но не в одном только прошедшем
wandered his thoughts but not in one only past

бродили они: выражение его лица было
wandered they (the) expression (of) his face was

сосредоточенно и угрюмо, чего не бывает, когда человек
concentrated and sullenly what not happens when (a) man

занят одними воспоминаниями. А в маленькой задней
is busy only (with) memories And in (a) small back

комнатке, на большом сундуке, сидела, в голубой
room on (a) big trunk sat in blue

душегрейке и с наброшенным белым платком
soul-warmer and with thrown on white scarf
woman's sleeveless jacket

на темных волосах, молодая женщина, Фенечка, и то
on (the) dark hair (a) young woman Fenechka and then

прислушивалась, то дремала, то посматривала на
listened then snoozed then looked at

растворенную дверь, из-за которой виднелась детская
(the) opened door from behind which was visible (an) infant's

кроватка и слышалось ровное дыхание спящего
crib and was heard (the) even breathing (of a) sleeping

ребенка.
child

V
Chapter 5

На	другое	утро	Базаров	раньше	всех	проснулся	и
On	(the) next	morning	Bazarov	earlier	(than) all	awoke	and

вышел	из	дома.	«Эге!	—	подумал	он,	посмотрев
left	from	(the) house	Hey (surprised)		thought	he	looking

кругом,	—	местечко-то	неказисто».	Когда	Николай
around		the little place-then the place	unseemly looks plain	When	Nikolai

Петрович	размежевался	с	своими	крестьянами,	ему
Petrovitch	disengaged	from	his	peasants	to him

пришлось	отвести	под	новую	усадьбу	десятины	четыре
had to was needed to	pull back	under	(a) new	manor	2.7 acres (unit)	four

совершенно	ровного	и	голого	поля.	Он	построил
completely	even	and	bare	fields	He	built

дом,	службы	и	ферму,	разбил	сад,	выкопал
(the) house	(of) service	and	farm	broke down	(the) garden	dug up

пруд	и	два	колодца;	но	молодые	деревца	плохо
(a) pond	and	two	wells	but	(the) young	trees	bad

принимались,	в	пруде	воды	набралось	очень	мало,
took themselves grew	in	(the) pond	(the) water	gathered itself accumulated	very	little

и	колодцы	оказались	солонковатого	вкуса.
and	(the) wells	turned out to be	salty	(of the) taste

Одна только беседка из сирени и акаций порядочно
One only gazebo from lilacs and acacia decently
Only the

разрослась; в ней иногда пили чай и обедали.
grew out in her sometimes (they) drank tea and had dinner

Базаров в несколько минут обегал все дорожки сада,
Bazarov in several minutes ran around all (the) paths garden
                          circled

зашел на скотный двор, на конюшню, отыскал двух
visited on (the) cattle yard on (the) stable found two

дворовых мальчишек, с которыми тотчас
(of the) courtyard little boys with whom immediately

свел знакомство, и отправился с ними в
together-led friendship and directed himself with them in
he concluded

небольшое болотце, с версту от усадьбы, за
(a) small swamp with (a) verst from (the) manor for
                   (distance)

лягушками.
frogs

— На что тебе лягушки, барин? — спросил его один из
For what to you frogs sir asked him one from
Why do you need

мальчиков.
(of the) little boys

— А вот на что, — отвечал ему Базаров, который
And here for that answered to him Bazarov who

владел особенным уменьем возбуждать к себе доверие
mastered (the) special skill (of to) arouse to himself trust

в людях низших, хотя он никогда не потакал им и
in people lower although he never not indulged them and

обходился с ними небрежно, — я лягушку
went along himself with them carelessly I (a) frog

распластаю да посмотрю, что у нее там внутри
will cut up into layers and will look what with her there inside

делается; а так как мы с тобой те же лягушки,
is made and so as we with you those then frogs
since that you and me so are those frogs

только что на ногах ходим, я и буду знать, что и у
only that on feet (we) go I also will know that also with

нас внутри делается.
us inside is done

— Да на что тебе это?
Yes for what to you this
And why do you need this?

— А чтобы не ошибиться, если ты занеможешь
And in order to not to mistake oneself if you get sick

и мне тебя лечить придется.
and to me you to heal it befalls
I have to heal you

— Разве ты дохтур?
Perhaps you (are) doctor

— Да.
Yes

— Васька, слышь, барин говорит, что мы с тобой
Vaska listen (the) master says that we with you
you and me

те   же   лягушки. Чудно!
those then   frogs   Freaky
   just like

— Я   их   боюсь, лягушек-то, — заметил Васька, мальчик
  I   them   fear   frogs-those   noted   Vaska   (a) boy

лет   семи,   с   белою,   как   лен, головою,   в   сером
(of) years seven with (a) white as   flax   head   in   gray

казакине   с   стоячим воротником и   босой.
half-caftan with standing collar   and barefoot

— Чего бояться?   разве   они кусаются?
  What to be afraid perhaps they bite?
             do you think

— Ну,   полезайте   в   воду,   философы, — промолвил
  Well   go   in (the) water philosophers   declared

Базаров.
Bazarov

Между тем   Николай   Петрович   тоже   проснулся   и
Between that Nikolai   Petrovitch   also   awoke   and
  Meanwhile

отправился   к Аркадию, которого застал одетым.   Отец
directed himself to Arkady   who   caught dressed (The) father
                              he found

и   сын вышли на террасу, под   навес   маркизы; возле
and son came out on terrace under (the) canopy awnings   near

перил,   на   столе,   между большими букетами сирени,
(the) railing on (the) table between large   bouquets (of) lilacs

уже   кипел самовар. Явилась девочка,   та   самая,
already boiled (the) samovar Appeared (the) girl that   same

которая накануне первая встретила приезжих на
who (the) day before first met (the) newcomers on

крыльце, и тонким голосом проговорила:
(the) porch and (with a) thin voice (she) spoke

— Федосья Николаевна не совсем здоровы, прийти не
Fedosia Nikolayevna not entirely healthy to come not

могут; приказали вас спросить, вам самим угодно
can (they) ordered you to ask to you yourself is convenient

разлить чай или прислать Дуняшу?
to pour tea or to send Dunyasha

— Я сам разолью, сам, — поспешно подхватил Николай
I myself pour myself in a hurry grabbed Nikolai

Петрович. — Ты, Аркадий, с чем пьешь чай, со
Petrovitch You Arkady with what (you) drink tea with

сливками или с лимоном?
with cream or with with lemon

— Со сливками, — отвечал Аркадий и, помолчав
With cream answered Arkady and (after) keeping silent

немного, вопросительно произнес: — Папаша?
a little questioningly pronounced Daddy

Николай Петрович с замешательством посмотрел на
Nikolai Petrovitch with confusion looked at

сына.
(the) son

— Что? — промолвил он.
What uttered he

Аркадий опустил глаза.
Arkady lowered (the) eyes

— Извини, папаша, если мой вопрос тебе покажется
Excuse (me) daddy if my question to you will show up

неуместным, — начал он, — но ты сам, вчерашнею
out-of-place began he but you yourself yesterday
inappropriate

своею откровенностью, меня вызываешь на откровенность…
your frankness me (you) call on openness

ты не рассердишься?..
you not get angry

— Говори.
Speak

— Ты мне даешь смелость спросить тебя… Не оттого
You to me give courage to ask you Not that is why

ли Фен… не оттого ли она не приходит сюда
whether Fen not that is why whether she not comes here

чай разливать, что я здесь?
tea pour that I here
because I am here

Николай Петрович слегка отвернулся.
Nikolai Petrovitch slightly turned away

— Может быть, — проговорил он наконец, — она
Can be spoke he finally she

предполагает... она стыдится...
suggests she is ashamed

Аркадий быстро вскинул глазами на отца.
Arkady quickly jerked (the) eyes onto (the) father

— Напрасно ж она стыдится. Во-первых, тебе известен
In vain then she is ashamed Firstly to you known

мой образ мыслей (Аркадию очень было приятно
my type (of) thoughts To Arkady much (it) was pleasant

произнести эти слова), а во-вторых — захочу ли я
to pronounce these words and in second want whether I

хоть на волос стеснять твою жизнь, твои привычки?
might as well for (a) hair constrict your life your habits
a whim

Притом, я уверен, ты не мог сделать дурной выбор;
Besides I am convinced you not could make (a) bad choice

если ты позволил ей жить с тобой под одною
if you allowed her to live with you under one

кровлей, стало быть она это заслуживает: во всяком
roof became (it) to be (that) she this deserves in every

случае, сын отцу не судья, и в
case (the) son (of the) father not (is) (the) judge and in

особенности я, и в особенности такому отцу, который,
particular I and in especially such (a) father which

как ты, никогда и ни в чем не стеснял
as you never and not in what not hindered
anything

моей   свободы.
my   freedom

Голос   Аркадия   дрожал   сначала: он   чувствовал   себя
(The) voice (of) Arkady   shook   began   he   felt   himself
                            to shake

великодушным,   однако   в   то   же   время   понимал,   что
great-spirited   however   in   that   very   time   understood   that
generously

читает   нечто   вроде   наставления   своему   отцу;   но
(he) reads   not-what   kind of   admonition   of his   father   but
             some

звук   собственных   речей   сильно   действует   на   человека,
(the) sound   of his own   speech   strongly   acts   on   (a) man

и   Аркадий   произнес   последние   слова   твердо,   даже   с
and   Arkady   pronounced   (the) last   words   firmly   even   with

эффектом.
effect

— Спасибо,   Аркаша,   —   глухо   заговорил   Николай
Thanks   Arkasha   muffled   spoke   Nikolai

Петрович,   и   пальцы   его   опять   заходили   по   бровям   и
Petrovitch   and   (the) fingers   him   again   accessed   on   eyebrows   and

по   лбу.   — Твои   предположения   действительно
on   (the) forehead   Your   assumption   (is) really

справедливы.   Конечно,   если   б   эта   девушка   не   стоила...
just   Of course   if   would   this   girl   not   be worth

Это   не   легкомысленная   прихоть.   Мне   неловко   говорить
This   not   (is a) frivolous   whim   To me   awkwardly   to talk

с тобой об этом; но ты понимаешь, что ей трудно
with you about this but you understand that her difficult

было прийти сюда при тебе, особенно в первый день
was to come here with you especially in (the) first day

твоего приезда.
of your visit

— В таком случае я сам пойду к ней, — воскликнул
In such case I myself will go to her exclaimed

Аркадий с новым приливом великодушных чувств и
Arkady with (his) new tide (of) generous sentiments and

вскочил со стула. — Я ей растолкую, что ей нечего
jumped from (the) chair I her will explain that to her nothing

меня стыдиться.
for me be ashamed

Николай Петрович тоже встал.
Nikolai Petrovitch also got up

— Аркадий, — начал он, — сделай одолжение… как же
Arkady began he do (me) (a) favor as then

можно… там… Я тебя не предварил…
possible there I you not forewarn

Но Аркадий уже не слушал его и убежал с
But Arkady already not listened to him and ran away from

террасы. Николай Петрович посмотрел ему вслед и в
(the) terrace Nikolai Petrovitch looked him after and in
the porch

смущенье опустился на стул. Сердце его забилось...
embarrassment dropped on (the) chair (The) heart him began to beat

Представилась ли ему в это мгновение неизбежная
Occurred whether to him in this moment not-away-running an unavoidable

странность будущих отношений между им и сыном,
strangeness (of) future relations between him and (his) son

сознавал ли он, что едва ли не большее бы
became aware whether he that hardly whether not greater would

уважение оказал ему Аркадий, если б он вовсе
respect rendered to him Arkady if would he completely

не касался этого дела, упрекал ли он самого себя
not concerned this business rebuked whether he same himself

в слабости — сказать трудно; все эти чувства были в
in weaknesses to say difficult all these feelings were in

нем, но в виде ощущений — и то неясных; а с
him but in form (of) feelings and then unclear and with in

лица не сходила краска, и сердце билось.
face not came down (the) blush and (the) heart was beating
his face

Послышались торопливые шаги, и Аркадий вошел на
Were heard hurried steps and Arkady entered on

террасу.
(the) terrace

— Мы познакомились, отец! — воскликнул он с
We met father exclaimed he with

выражением какого-то ласкового и доброго торжества
(an) expression (of) some-then affectionate and good celebrations

на лице. — Федосья Николаевна точно сегодня не
on (the) face Fedosia Nikolayevna as if today not

совсем здорова и придет попозже. Но как же ты не
entirely healthy and would come later But as then you not

сказал мне, что у меня есть брат? Я бы уже
said to me that with me is (a) brother I would already

вчера вечером его расцеловал, как я сейчас
yesterday (in the) evening him kissed as I now

расцеловал его.
kissed him

Николай Петрович хотел что-то вымолвить, хотел
Nikolai Petrovitch wanted something to utter wanted

подняться и раскрыть объятия... Аркадий бросился
to rise himself and open (an) embrace Arkady threw himself

ему на шею.
to him on (the) neck

— Что это? опять обнимаетесь? — раздался сзади их
What this again cuddle rang out behind them

голос Павла Петровича.
(the) voice (of) Pavel Petrovich

Отец   и   сын одинаково обрадовались   появлению
(The) father and   son   equally   rejoiced   (the) appearance

его   в эту минуту; бывают положения трогательные, из
(of) him in this minute (there) are   situations   touching   from
                                                        emotional

которых   все-таки   хочется   поскорее выйти.
which   all-so   oneself wants   faster   to go out
           (nonetheless)   to get out

— Чему   ж   ты   удивляешься?   —   весело   заговорил
   What   then   you   wonder   happily   spoke

Николай   Петрович.   —   В   кои-то   веки   дождался   я
Nikolai   Petrovitch   In   some-then   ages   awaited   I
                            For   some

Аркаши... Я   со   вчерашнего дня   и   насмотреться на него
Arkashi   I   with   yesterday's   day   also   to take a look   at   him
(endearing)

не успел.
not had time

— Я   вовсе   не   удивляюсь,   —   заметил Павел Петрович,
   I   completely not (am) surprised   noted   Pavel   Petrovitch

— я даже сам   не прочь   с   ним обняться.
   I   even myself not averse with him   to hug

Аркадий   подошел   к   дяде   и   снова   почувствовал   на
Arkady   approached   to   uncle   and   again   felt   on

щеках   своих   прикосновение   его   душистых   усов.
(the) cheeks   of his   (the) touch   (of) his   fragrant   mustache

Павел Петрович присел   к   столу. На нем был изящный
Pavel   Petrovitch sat down to (the) table On him   was   (an) elegant

утренний, в английском вкусе, костюм; на голове
morning- in English taste costume on (the) head

красовалась маленькая феска. Эта феска и небрежно
flaunted (a) small fez This fez and (a) carelessly

повязанный галстучек намекали на свободу деревенской
crocheted tie hinted at (the) freedom (of) country

жизни; но тугие воротнички рубашки, правда не
life but (the) tight collars (of the) jacket true not

белой, а пестренькой, как оно и следует для утреннего
white but colored as it also follows for (the) morning
should

туалета, с обычною неумолимостью упиралась в
toilet with (the) usual inexorability rested in
dress pushed up

выбритый подбородок.
(the) shaved chin

— Где же новый твой приятель? — спросил он
Where then new your friend asked he
is your new

Аркадия.
Arkady

— Его дома нет; он обыкновенно встает рано и
Him at home not he usually stands up early and

отправляется куда-нибудь. Главное, не надо
directs himself somewhere (The) main (thing) not necessary

обращать на него внимания: он церемоний не любит.
to turn on him attention he ceremonies not loves

— Да, это заметно. — Павел Петрович начал, не
Yes this (is) noticable Pavel Petrovitch began not

торопясь, намазывать масло на хлеб. — Долго он у
hurrying himself to smear butter on bread Long he with

нас прогостит?
us will be guest

— Как придется. Он заехал сюда по дороге к отцу.
As it befalls He stopped by here on (the) road to (his) father

— А отец его где живет?
And (the) father him where lives

— В нашей же губернии, верст восемьдесят отсюда. У
In our then district miles eighty from here With

него там небольшое именьице. Он был прежде полковым
him there (a) small estate He was before (a) regimental

доктором.
doctor

— Тэ-тэ-тэ-тэ… То-то я все себя спрашивал: где
T-t-t-t-t This-then I all myself asked where

слышал я эту фамилию: Базаров?.. Николай, помнится, в
heard I this surname Bazarov Nikolai remember in

батюшкиной дивизии был лекарь Базаров?
daddies division was (a) doctor Bazarov

— Кажется, был.
(It) seems (there) was

— Точно, точно. Так этот лекарь его отец. Гм! — Павел
Precisely precisely So this doctor (is) his father Hm Pavel

Петрович повел усами. — Ну, а сам
Petrovitch moved (himself) (the) moustaches Well and himself

господин Базаров, собственно, что такое? — спросил он
gentleman Bazarov in fact what such asked he
kind of man

с расстановкой.
with arrangement
stressed words

— Что такое Базаров? — Аркадий усмехнулся. — Хотите,
What such Bazarov Arkady smiled (You) want
is

дядюшка, я вам скажу, что он собственно такое?
uncle I to you will tell what he in fact such
is

— Сделай одолжение, племянничек.
Do (me) (the) favor nephew

— Он нигилист.
He (is a) nihilist

— Как? — спросил Николай Петрович, а Павел Петрович
How asked Nikolai Petrovitch and Pavel Petrovitch

поднял на воздух нож с куском масла на конце
raised in (the) air (the) knife with piece butter on (the) end

лезвия и остался неподвижен.
(of the) blade and stayed motionless

— Он нигилист, — повторил Аркадий.
He (is a) nihilist repeated Arkady

— Нигилист, — проговорил Николай Петрович. — Это от
(A) nihilist spoke Nikolai Petrovitch This from

латинского nihil, ничего, сколько я могу судить; стало
Latin nihil nothing as much as I can judge became

быть, это слово означает человека, который... который
to be this word means man who who

ничего не признает?
nothing not recognizes
acknowledges

— Скажи: который ничего не уважает, — подхватил Павел
Say who nothing not respects grabbed Pavel

Петрович и снова принялся за масло.
Petrovitch and again (he) started for (the) butter

— Который ко всему относится с критической точки
Who to (the) whole relates with critical points

зрения, — заметил Аркадий.
(of) vision noted Arkady

— А это не все равно? — спросил Павел Петрович.
And this not all (the) same asked Pavel Petrovitch

— Нет, не все равно. Нигилист — это человек, который
No not all (the) same Nihilist this (is a) man who

не склоняется ни перед какими авторитетами, который
not stoops himself not before whatever authorities who

не принимает ни одного принципа на веру, каким бы
not takes not one principle on belief whatever would

уважением ни был окружен этот принцип.
respect not was surrounded this principle

— И что ж, это хорошо? — перебил Павел Петрович.
And what then this good interrupted Pavel Petrovitch

— Смотря как кому, дядюшка. Иному от этого хорошо,
Looking as to whom uncle Some from this good

а иному очень дурно.
and some very bad

— Вот как. Ну, это, я вижу, не по нашей части. Мы,
Here how Well this I see not on our parts We

люди старого века, мы полагаем, что без принсипов
people (of the) old century we believe that without priniciples

(Павел Петрович выговаривал это слово мягко, на
Pavel Petrovitch pronounced this word softly on

французский манер, Аркадий, напротив, произносил
French manner Arkady on (the) contrary pronounced

«прынцип», налегая на первый слог), без принсипов,
prince-eep leaning on (the) first syllable without priniciples

принятых, как ты говоришь, на веру, шагу ступить, дохнуть
taken as you say on belief step to step to breathe

нельзя. Vous avez changé tout cela, дай вам Бог
impossible You have changed all that give to you god

здоровья и генеральский чин, а мы только любоваться
health and general's rank and we only admire

вами будем, господа... как бишь?
you (we) will gentlemen how (I) mean

— Нигилисты, — отчетливо проговорил Аркадий.
Nihilists distinctly spoke Arkady

— Да. Прежде были гегелисты, а теперь нигилисты.
Yes Before were hegelists and now nihilists

Посмотрим, как вы будете существовать в пустоте, в
Let's see how you will exist in emptiness in

безвоздушном пространстве; а теперь позвони-ка,
airless space and now call

пожалуйста, брат, Николай Петрович, мне пора пить
please brother Nikolai Petrovitch to me time to drink

мой какао.
my cocoa

Николай Петрович позвонил и закричал: «Дуняша!» Но
Nikolai Petrovitch phoned and yelled Dunyasha But

вместо Дуняши на террасу вышла сама Фенечка. Это
instead of Dunyasha on terrace came out herself Fenechka This

была молодая женщина лет двадцати трех, вся беленькая
was (a) young woman years twenty three entire (was) pale

и мягкая, с темными волосами и глазами, с
and soft with dark hair and eyes with

красными, детски пухлявыми губками и нежными
beautiful children's chubby little lips and gentle

ручками. На ней было опрятное ситцевое платье; голубая
(little) hands On her was neat chintz dress blue

новая косынка легко лежала на ее круглых плечах. Она
new kerchief easily was lying on her round shoulders She

несла большую чашку какао и, поставив ее перед
carried (a) big cup (of) cocoa and by putting her before

Павлом Петровичем, вся застыдилась: горячая
Pavel Petrovich completely got embarrassed hot (spirited)

кровь разлилась алою волной под тонкою кожицей
blood flowed (like a) scarlet wave under (the) thin skin

ее миловидного лица. Она опустила глаза и
(of) her sweet-looking face She lowered (the) eyes and

остановилась у стола, слегка опираясь на самые
stopped at (the) table slightly leaning on (the) very

кончики пальцев. Казалось, ей и совестно было,
tips (of the) fingers (It) seemed to her also embarrassing was

что она пришла, и в то же время она как будто
that she came and in that then time she as if

чувствовала, что имела право прийти.
felt that (she) had right to come

Павел Петрович строго нахмурил брови, а Николай
Pavel Petrovitch strictly frowned (the) eyebrows and Nikolai

Петрович смутился.
Petrovitch   was confused

— Здравствуй, Фенечка, — проговорил он сквозь зубы.
Hello   Fenechka   spoke   he through (the) teeth

— Здравствуйте-с, — ответила она негромким, но
Hello   answered she   silent   but

звучным   голосом   и,   глянув   искоса на Аркадия,
by the resounding voice and by looking at askance at Arkady

который дружелюбно ей улыбался, тихонько вышла. Она
who   friendly   at her smiled   silently   left   She

ходила немножко   вразвалку,   но   и   это   к   ней
went   a little   sneaking around but also this to her

пристало.
was fitting

На   террасе   в   течение   нескольких   мгновений
On   (the) terrace   in   (the) course   (of) several   moments

господствовало молчание. Павел Петрович похлебывал свой
prevailed   silence   Pavel Petrovitch   sipped   his

какао и   вдруг   поднял голову.
cocoa and suddenly raised (the) head

— Вот и   господин   нигилист к   нам   жалует, —
Here also (the) gentleman nihilist   to   us   compliments
                                                    visits

промолвил он вполголоса.
uttered   he   in half voice
                (in a low voice)

Действительно, по саду, шагая через клумбы,
Really on (the) garden treading through (the) flower beds
And in fact

шел Базаров. Его полотняное пальто и панталоны были
went Bazarov His linen overcoat and trousers were

запачканы в грязи; цепкое болотное растение
dirty in (the) mud (a) tenacious swamp- plant

обвивало тулью его старой круглой шляпы; в правой
entwined (the) top of his old round hat in (his) right

руке он держал небольшой мешок; в мешке шевелилось
hand he held (a) small sack in (the) sack moved

что-то живое. Он быстро приблизился к террасе и,
something alive He quickly approached to (the) terrace and

качнув головою, промолвил:
by shaking (the) head uttered

— Здравствуйте, господа; извините, что опоздал к чаю,
Hello gentlemen excuse (me) that (I) was late to tea

сейчас вернусь; надо вот этих пленниц к месту
now (I) return necessary here these captives to (a) place

пристроить.
to put

— Что это у вас, пиявки? — спросил Павел Петрович.
What this with you leeches asked Pavel Petrovitch

— Нет, лягушки.
No frogs

— Вы их едите или разводите?
You them eat or breed

— Для опытов, — равнодушно проговорил Базаров и
For experiments indifferently spoke Bazarov and

ушел в дом.
left in (the) house

— Это он их резать станет, — заметил Павел Петрович,
This he them to cut begins noted Pavel Petrovitch

— в принсипы не верит, а в лягушек верит.
in priniciples not believes but in frogs believes

Аркадий с сожалением посмотрел на дядю, и
Arkady with regret looked at (the) uncle and

Николай Петрович украдкой пожал плечом. Сам
Nikolai Petrovitch furtively shook (with the) shoulder Himself

Павел Петрович почувствовал, что сострил неудачно,
Pavel Petrovitch felt that (he) quipped unsuccessfully

и заговорил о хозяйстве и о новом
and spoke about (the) household and about (a) new

управляющем, который накануне приходил к нему
manager which (the) day before came to him

жаловаться, что работник Фома «либоширничает» и
complain that (an) employee Thomas shirks and

от рук отбился. «Такой уж он Езоп, — сказал он
from hands strayed such already he Aesop said he

между   прочим,   —   всюду   протестовал   себя   дурным
between   other (things)   everywhere   protested   himself (like a) bad

человеком;   поживет   и   с   глупостью
man   (he) stays for a while   and   from   (some) foolishness

отойдет».
will go away

VI
Chapter 6

Базаров	вернулся,	сел	за	стол	и	начал	поспешно
Bazarov	returned	sat	at	(the) table	and	began	in a hurry

пить	чай.	Оба	брата	молча	глядели	на	него,	а
to drink	tea	Both	brothers	silently	looked	at	him	and

Аркадий	украдкой	посматривал	то	на	отца,	то	на
Arkady	furtively	looked	then	at	(the) father	then	at

дядю.
(the) uncle

— Вы	далеко	отсюда	ходили?	— спросил	наконец
You	far	from here	went	asked	finally

Николай Петрович.
Nikolai Petrovitch

— Тут	у	вас	болотце	есть,	возле	осиновой	рощи.	Я
Here	with	you	swamp	is	near	(the) aspen	grove	I

взогнал	штук	пять	бекасов;	ты	можешь	убить	их,
chased up	-pieces-	five	snipes	you	can	kill	them

Аркадий.
Arkady

— А	вы	не	охотник?
And	you	(are) not	(a) hunter

— Нет.
No

— Вы собственно физикой занимаетесь? — спросил, в
You strictly physics practice asked in

свою очередь, Павел Петрович.
his turn Pavel Petrovitch

— Физикой, да; вообще естественными науками.
Physics yes generally natural sciences

— Говорят, германцы в последнее время сильно
(They) say Germans in (the) last time strongly

успели по этой части.
(they) managed on this part

— Да, немцы в этом наши учители, — небрежно отвечал
Yes Germans in this our teachers carelessly answered

Базаров.
Bazarov

Слово германцы, вместо немцы, Павел Петрович
(The) word Germanics instead of Germans Pavel Petrovitch

употребил ради иронии, которой, однако, никто не
applied for the sake (of) irony which however nobody not

заметил.
noted

— Вы столь высокого мнения о немцах? —
You such (a) high opinion about Germans
Do you have such

проговорил   с   изысканною   учтивостью   Павел   Петрович.
spoke   with   exquisite   courtesy   Pavel   Petrovitch

Он   начинал   чувствовать   тайное   раздражение.   Его
He   began   to feel   (a) secret   irritation   His

аристократическую   натуру   возмущала   совершенная
aristocratic   nature   outraged   (the) perfected
was outraged by

развязность   Базарова.   Этот   лекарский   сын   не   только   не
swagger   (of) Bazarov   This   doctor's   son   not   only   not

робел,   он   даже   отвечал   отрывисто   и   неохотно,   и   в
got shy   he   even   answered   abruptly   and   reluctantly   and   in

звуке   его   голоса   было   что-то   грубое,   почти
(the) sound   (of) his   voice   was   something   crude   almost

дерзкое.
impertinent

— Тамошние   ученые   дельный   народ.
(The) local   scientists (are) sensible   folk
(from Germany)

— Так, так. Ну,   а   об   русских   ученых   вы,   вероятно,
So   so   Well   and   about   Russian   academics   you   probably

не   имеете   столь   лестного   понятия?
not   (you) have   such   flattering   notions

— Пожалуй,   что так.
Perhaps   that   (is) so

— Это   очень   похвальное   самоотвержение,   —   произнес
This   (is) very   commendable   self-denial   pronounced
selflessness

Павел Петрович, выпрямляя стан и закидывая
Pavel Petrovitch straightening (the) figure and throwing

голову назад. — Но как же нам Аркадий Николаич
(the) head back But as then to us Arkady Nikolaich

сейчас сказывал, что вы не признаете никаких
now said that you not recognize no

авторитетов? Не верите им?
authorities Not (you) believe them

— Да зачем же я стану их признавать? И чему я
Yes why then I stand them recognize And what I
would I

буду верить? Мне скажут дело, я соглашаюсь, вот
will believe To me (they) will say (a) matter I agree here

и все.
and all

— А немцы все дело говорят? — промолвил Павел
And Germans all matter (they) say uttered Pavel

Петрович, и лицо его приняло такое безучастное,
Petrovitch and (the) face him took such (an) indifferent

отдаленное выражение, словно он весь ушел в какую-то
remote expression as if he all left in some

заоблачную высь.
exorbitant height

— Не все, — ответил с коротким зевком Базаров,
Not all answered with (a) short yawn Bazarov

которому явно не хотелось продолжать словопрение.
to whom clearly not was wanted to continue (the) argument
whom wanted

Павел Петрович взглянул на Аркадия, как бы
Pavel Petrovitch looked at Arkady as would (he be)

желая сказать ему: «Учтив твой друг, признаться».
desiring to say to him (Is) polite your friend admit (it)
(sarcastic)

— Что касается до меня, — заговорил он опять, не
What touched to me spoke he again not
concerned

без некоторого усилия, — я немцев, грешный человек,
without some effort I Germans sinful people

не жалую. О русских немцах я уже не упоминаю:
not pity About Russian Germans I already not mention

известно, что это за птицы. Но и немецкие немцы мне
is known that this for birds But also German Germans to me

не по нутру. Еще прежние туда-сюда; тогда у них
not on gut Still (the) previous there here then with them
are likable (there and here)

были — ну, там Шиллер, что ли, Гётте… Брат вот
were well there Schiller that whether Goethe Brother here

им особенно благоприятствует… А теперь пошли всё
them especially favors And now went all

какие-то химики да материалисты…
some chemists yes materialists

— Порядочный химик в двадцать раз полезнее всякого
(A) decent chemist in twenty time more useful any
is times than any

поэта, — перебил Базаров.
poet interrupted Bazarov

— Вот как, — промолвил Павел Петрович и, словно
Here how uttered Pavel Petrovitch and as if

засыпая, чуть-чуть приподнял брови. — Вы,
falling asleep a little bit raised (the) eyebrows You

стало быть, искусства не признаете?
became be art not recognize
perhaps

— Искусство наживать деньги, или нет более геморроя! —
Art to live on money or no more hemorrhoids

воскликнул Базаров с презрительною усмешкой.
exclaimed Bazarov with contemptuous grin

— Так-с, так-с. Вот как вы изволите шутить. Это вы все,
So so Here how you deign to joke This you all

стало быть, отвергаете? Положим. Значит, вы верите в
became to be reject (We) put (It) means you believe in
perhaps Let's propose

одну науку?
one science
alone

— Я уже доложил вам, что ни во что не верю; и
I already reported to you that not in that not (I) believe and

что такое наука — наука вообще? Есть науки, как есть
what such science science generally Is sciences like is
Science is

ремесла, знания; а наука вообще не существует
trade knowledge and science generally not exists

вовсе.
completely

— Очень хорошо-с. Ну, а насчет других, в людском
Very well-sir Well and on account (of) others in human
concerning

быту принятых, постановлений вы придерживаетесь
everyday life taken ordinances you adhere to

такого же отрицательного направления?
such (a) same negative direction

— Что это, допрос? — спросил Базаров.
What (is) this (an) interrogation asked Bazarov

Павел Петрович слегка побледнел... Николай Петрович
Pavel Petrovitch slightly turned pale Nikolai Petrovitch

почел должным вмешаться в разговор.
considered (it) due to step in in (the) conversation

— Мы когда-нибудь поподробнее побеседуем об этом
We sometime in detail (will) have a chat about this

предмете с вами, любезный Евгений Васильич; и ваше
subject with you friend Eugene Vasilich and your

мнение узнаем, и свое выскажем. С своей
opinion (we) find out and ours (we) speak out From my

стороны, я очень рад, что вы занимаетесь
side I (am) very happy that you practice

естественными науками. Я слышал, что Либих сделал
natural sciences I heard that Libich did

удивительные открытия насчет удобрения полей. Вы
amazing discoveries about fertilization (of) fields You

можете мне помочь в моих агрономических работах: вы
can to me help in my agronomic works you

можете дать мне какой-нибудь полезный совет.
can give to me some successful advice

— Я к вашим услугам, Николай Петрович; но куда
I (am) at your service Nikolai Petrovitch but where

нам до Либиха! Сперва надо азбуке выучиться и
to us to Libich First necessary (the) alphabet to learn and

потом уже взяться за книгу, а мы еще аза в
then already take up for book and we still asa in
(evil spirit)

глаза не видали.
(the) eyes not saw

«Ну, ты, я вижу, точно нигилист», — подумал Николай
Well you I see as if nihilist thought Nikolai

Петрович.
Petrovitch

— Все-таки позвольте прибегнуть к вам при случае, —
All-so please to resort to you with (a) case
(nonetheless)

прибавил он вслух. — А теперь нам, я полагаю, брат,
added he aloud And now to us I suppose brother

пора пойти потолковать с приказчиком.
time to go to discuss with (the) clerk

Павел Петрович поднялся со стула.
Pavel Petrovitch got up from (the) chair

— Да, — проговорил он, ни на кого не глядя, —
Yes spoke he not to whom not looking
anyone

беда пожить этак годков пять в деревне, в
misfortune to live like that (a) little year (or) five in (the) village in

отдалении от великих умов! Как раз дурак дураком
distance from great minds As once (a) fool (with a) fool

станешь. Ты стараешься не забыть того, чему тебя
(you) stand You try for oneself not to forget that what you

учили, а там — хвать! — оказывается, что все это
(they) taught and there to grab shows itself that all this

вздор, и тебе говорят, что путные люди этакими
nonsense also to you (they) say that empty people such

пустяками больше не занимаются и что ты, мол,
trifles more not are occupied with and that you pray

отсталый колпак. Что делать! Видно, молодежь точно
(are a) retarded cap What to do Visibly (the) youth exactly

умнее нас.
more wise (than) us

Павел Петрович медленно повернулся на каблуках
Pavel Petrovitch slowly turned himself around on heels

и медленно вышел; Николай Петрович отправился вслед
and slowly left Nikolai Petrovitch directed himself after

за ним.
for him

— Что, он всегда у вас такой? — хладнокровно
What (is) he always with you like that cold-blooded

спросил Базаров у Аркадия, как только дверь
asked Bazarov to Arkady as only (the) door

затворилась за обоими братьями.
shut behind both brothers

— Послушай, Евгений, ты уже слишком резко с ним
Listen Eugene you already too sharp with him

обошелся, — заметил Аркадий. — Ты его оскорбил.
dispensed with noted Arkady You him outraged

— Да, стану я их баловать, этих уездных аристократов!
Yes stand I them to pamper these county aristocrats
go pamper

Ведь это все самолюбивые, львиные привычки,
Indeed these (are) all egotistical lion habits

фатство. Ну, продолжал бы свое поприще в
fatuity Well continued would his vocation in

Петербурге, коли уж такой у него склад... А
(saint) Petersburg if already such with him storage yard And

впрочем, Бог с ним совсем! Я нашел довольно редкий
however god with him entirely I found (a) rather rare

экземпляр водяного жука, Dytiscus marginatus, знаешь? Я
specimen (of a) water bug Dytiscus marginatus (you) know I

тебе его покажу.
to you him will show

— Я тебе обещался рассказать его историю, — начал
I to you promised to tell his story began

Аркадий.
Arkady

— Историю жука?
Story (of the) bug

— Ну полно, Евгений. Историю моего дяди. Ты увидишь,
Well enough Eugene (The) story of my uncle You see

что он не такой человек, каким ты его воображаешь.
that he (is) not such (a) man by what you him imagine

Он скорее сожаления достоин, чем насмешки.
He sooner regrets dignity with what taunts
   rather   than

— Я не спорю; да что он тебе так дался?
I not bet yes what he to you so is given

— Надо быть справедливым, Евгений.
Necessary to be fair Eugene

— Это из чего следует?
This from what follows

— Нет, слушай...
No listen

И Аркадий рассказал ему историю своего дяди.
And Arkady told to him (the) story (of) his uncle

Читатель найдет ее в следующей главе.

(The) reader will find her in (the) next chapter

VII
Chapter 7

Павел Петрович Кирсанов воспитывался сперва дома, так
Pavel Petrovitch Kirsanov was educated first at home so

же как и младший брат его Николай, потом в
then like also (the) younger brother (of) his Nikolai after that in

пажеском корпусе. Он с детства отличался
pages-(cadet) corpus He from childhood was notable

замечательною красотой; к тому же он был самоуверен,
(for his) remarkable beauty to that then he was confident

немного насмешлив и как-то забавно желчен — он
a little derisive and somehow amusingly acrimonious he

не мог не нравиться. Он начал появляться всюду, как
not could not please He began to appear everywhere as

только вышел в офицеры. Его носили на руках,
only (he) left in officers Him (they) carried on (the) hands
for the officer corps

и он сам себя баловал, даже дурачился, даже ломался;
and he same himself pampered even fooled around even broke

но и это к нему шло. Женщины от него с ума
but also this to him went Women from him from (the) mind
crazy

сходили, мужчины называли его фатом и втайне
went men called him dandy and secretly

завидовали ему. Он жил, как уже сказано, на одной
envied him He lived as already (was) said in one

квартире с братом, которого любил искренно,
apartment with (the) brother which (he) loved sincerely

хотя нисколько на него не походил. Николай Петрович
although not a bit on him not looked Nikolai Petrovitch
like

прихрамывал, черты имел маленькие, приятные, но
limped features had small pleasant but

несколько грустные, небольшие черные глаза и мягкие
several sad not large black eyes and soft
a pair of

жидкие волосы; он охотно ленился, но и читал охотно,
liquid hair he willingly was lazy but also read willingly
greasy

и боялся общества. Павел Петрович ни одного вечера
and feared society Pavel Petrovitch not one evening

не проводил дома, славился смелостию и
not carried out at home was renowned (for his) courage and
remained

ловкостию (он ввел было гимнастику в моду между
dexterity he introduced was gymnastics in fashion between

светскою молодежью) и прочел всего пять, шесть
society's young people and read through all (in all) five six

французских книг. На двадцать восьмом году от роду он
french books On (the) twenty eighth year from birth he
age

уже был капитаном; блестящая карьера ожидала его.
already was captain (a) shiny career awaited him

Вдруг все изменилось.
Suddenly everything changed

В то время в петербургском свете изредка
In that time in (the saint) Petersburg's world occasionally
society

появлялась женщина, которую не забыли до сих пор,
appeared (a) woman which not (they) forgot until these times

княгиня Р. У ней был благовоспитанный и приличный,
princess P. With her was (a) well-mannered and decent

но глуповатый муж и не было детей. Она внезапно
but sheepish husband and not were children She suddenly

уезжала за границу, внезапно возвращалась в Россию,
left for (the) border suddenly returned in Russia
abroad

вообще вела странную жизнь. Она слыла за
generally led (a) strange life She was reputed for

легкомысленную кокетку, с увлечением предавалась
frivolous coquette with enthusiasm indulged

всякого рода удовольствиям, танцевала до упаду, хохотала
(in) any kind (of) pleasures danced until falling laughed

и шутила с молодыми людьми, которых принимала
and joked with young people who (she) took in

перед обедом в полумраке гостиной, а по ночам
before lunch in (the) half dark drawing-room and on (the) nights

плакала и молилась, не находила нигде покою и
cried and prayed not found nowhere peace and

часто до самого утра металась по комнате,
often *until* *(the) very* *morning* *floundered* *on* *(her) room*
in

тоскливо ломая руки, или сидела, вся бледная и
melancholically *racking* *(her) hands* *or* *sat* *entirely* *pale* *and*

холодная, над псалтырем. День наставал, и она снова
cold *over* *(a) psalter* *Day* *came* *and* *she* *again*

превращалась в светскую даму, снова выезжала, смеялась,
turned *in* *(a) society* *lady* *again* *went out* *laughed*

болтала и точно бросалась навстречу всему, что могло
chattered *and* *as if* *flung* *towards* *everything* *that* *could*

доставить ей малейшее развлечение. Она была
deliver *her* *(the) slightest* *entertainment* *She* *was*

удивительно сложена; ее коса золотого цвета и тяжелая,
amazingly *folded* *her braid* *golden* *colored* *and* *heavy*
laid out

как золото, падала ниже колен, но красавицей ее никто
like *gold* *fell* *below* *(the) knees* *but* *(a) beauty* *her nobody*

бы не назвал; во всем ее лице только и было
would *not* *(have) called* *in* *everything* *her* *face* *only* *also* *was*

хорошего, что глаза, и даже не самые глаза —
good *that* *(the) eyes* *and* *even* *not* *(the) most* *(the) eyes*

они были невелики и серы, — но взгляд их, быстрый,
they *were* *small* *and* *sulphur* *but* *glance* *theirs* *swift*

глубокий, беспечный до удали и задумчивый до уныния,
deep *careless* *to* *dismiss* *and* *thoughtful* *to* *gloom*

— загадочный взгляд. Что-то необычайное светилось в
was a mysterious glance Something extraordinary glowed in

нем даже тогда, когда язык ее лепетал самые
it even then when (the) tongue (of) her babbled (the) most

пустые речи. Одевалась она изысканно. Павел Петрович
empty speeches Dressed she exquisitely Pavel Petrovitch

встретил ее на одном бале, протанцевал с ней мазурку,
met her on one ballet danced with her (a) mazurka

в течение которой она не сказала ни одного путного
in (the) course (of) which she not said not one worthwhile

слова, и влюбился в нее страстно. Привыкший к
word and fell in love in her passionately Accustomed to
with

победам, он и тут скоро достиг своей цели; но
victories he also here soon reached his goal but

легкость торжества не охладила его. Напротив: он
(the) lightness (of the) triumph not cooled him On (the) contrary he
the ease

еще мучительнее, еще крепче привязался к этой женщине,
still more tormented still stronger attached to this woman

в которой даже тогда, когда она отдавалась безвозвратно,
in which even then when she recoiled irretrievably

все еще как будто оставалось что-то заветное и
all still as if remained something cherished and

недоступное, куда никто не мог проникнуть.
inaccessible where nobody not could penetrate

Что гнездилось в этой душе — Бог весть! Казалось, она
What nestled itself in this soul God knows (It) seemed she

находилась во власти каких-то тайных, для нее самой
was in power (of) some-then secret for her self

неведомых сил; они играли ею, как хотели; ее
unknown forces they played her as (they) wanted her

небольшой ум не мог сладить с их прихотью. Все
small mind not could harmonize with their whim All

ее поведение представляло ряд несообразностей;
her behavior represented (a) row (of) incongruities

единственные письма, которые могли бы возбудить
singular letters which could would excite

справедливые подозрения ее мужа, она написала к
fair suspicions (of) her husband she wrote to

человеку почти ей чужому, а любовь ее отзывалась
(a) man almost to her stranger and love her answered

печалью; она уже не смеялась и не шутила с
melancholy she already not laughed and not joked with

тем, кого избирала, и слушала его и глядела на
that one whom (she) elected and listened to him and looked at

него с недоумением. Иногда, большею частью внезапно,
him with bewilderment Sometimes (for a) large part suddenly

это недоумение переходило в холодный ужас; лицо
this bewilderment crossed over in cold horror (the) face

ее принимало выражение мертвенное и дикое; она
of her hosted (an) expression dead and wild she

запиралась у себя в спальне, и горничная ее
locked herself with herself in (the) bedroom and (a) maid her

могла слышать, припав ухом к замку, ее глухие
could hear pressing (herself) (the) ear to (the) lock her dull

рыдания. Не раз, возвращаясь к себе домой после
sobs Not once returning to himself at home after
Multiple times

нежного свидания, Кирсанов чувствовал на сердце ту
tender dates Kirsanov felt on (the) heart that

разрывающую и горькую досаду, которая поднимается в
ripping and bitter annoyance which rises in

сердце после окончательной неудачи. «Чего же хочу я
(the) heart after final failures Of what then want I

еще?» — спрашивал он себя, а сердце все ныло. Он
more asked he himself and (the) heart all ached He

однажды подарил ей кольцо с вырезанным на камне
once presented her (a) ring with carved on stone

сфинксом.
sphinx

— Что это? — спросила она, — сфинкс?
What this asked she (a) sphinx

— Да, — ответил он, — и этот сфинкс — вы.
Yes answered he and this sphinx is you

— Я? — спросила она и медленно подняла на него свой
I — asked she and slowly raised at him her

загадочный взгляд. — Знаете ли, что это очень
mysterious glance — (You) know whether that this very

лестно? — прибавила она с незначительною усмешкой,
flattering — added she with insignificant grin

а глаза глядели все так же странно.
and (the) eyes watched all so then strange

Тяжело было Павлу Петровичу даже тогда, когда княгиня Р.
Heavy was Pavel Petrovich even then when princess P
Difficult it was for Pavel

его любила; но когда она охладела к нему, а это
him loved but when she cooled down to him and this

случилось довольно скоро, он чуть с ума не
happened rather soon he nearly from (the) mind not

сошел. Он терзался и ревновал, не давал ей покою,
went out He was tormented and was jealous not gave her peace
went crazy

таскался за ней повсюду; ей надоело его
dragged around behind her everywhere her bored his

неотвязное преследование, и она уехала за границу.
intractable pursuit and she went away for (the) border
to abroad

Он вышел в отставку, несмотря на просьбы приятелей,
He left in resignation not-looking at requests (of) acquaintances
in spite of

на увещания начальников, и отправился
on exhortations (of) commanders and directed himself

вслед за княгиней; года четыре провел он в чужих
after for (the) princess years four spent he in other people's

краях, то гоняясь за нею, то с намерением теряя
regions then chasing after her then with intention losing

ее из виду; он стыдился самого себя, он негодовал
her from view he was ashamed (of) same himself he resented

на свое малодушие… но ничто не помогало. Ее образ,
-on- his small-spiritedness but nothing not helped Her image

этот непонятный, почти бессмысленный, но обаятельный
this obscure almost meaningless but charming

образ слишком глубоко внедрился в его душу. В Бадене
image too deeply infiltrated in his spirit In Baden

он как-то опять сошелся с нею по-прежнему;
he somehow again went together with her as before

казалось, никогда еще она так страстно его не любила…
(it) seemed never still she so passionately him not loved

но через месяц все уже было кончено: огонь
but after (a) month all already (it) was ended (the) fire

вспыхнул в последний раз и угас навсегда. Предчувствуя
flared up in (the) last time and faded forever Anticipating

неизбежную разлуку, он хотел, по крайней мере, остаться
(the) inevitable separation he wanted on extreme measure to stay

ее другом, как будто дружба с такою
her friend as if friendship with such

женщиной была возможна... Она тихонько выехала из
(a) woman was possible She quietly left from

Бадена и с тех пор постоянно избегала Кирсанова.
Baden and from those times constantly avoided Kirsanov

Он вернулся в Россию, попытался зажить старою
He returned in Russia (he) tried to begin to live (his) old

жизнью, но уже не мог попасть в прежнюю колею.
life but already not could fall in (the) previous track

Как отравленный, бродил он с места на место; он еще
Like poisoned wandered he from place to place he still

выезжал, он сохранил все привычки светского человека;
drove out he kept all habits (of a) secular man

он мог похвастаться двумя, тремя новыми победами; но
he could show off two three new victories but

он уже не ждал ничего особенного ни от себя,
he already not awaited nothing special neither from himself

ни от других и ничего не предпринимал. Он
nor from others and nothing not undertook He

состарился, поседел; сидеть по вечерам в клубе,
aged became gray to sit on (the) evenings in (the) club

желчно скучать, равнодушно поспорить в холостом
acrimoniously to be bored indifferently argue in idle

обществе стало для него потребностью, — знак, как
company became for him (a) need (a) sign as

известно, плохой. О женитьбе он, разумеется, и
is known / bad / About / marriage / he / (one can) understand / also

не думал. Десять лет прошло таким образом, бесцветно,
not thought / Ten / years / passed / in such / manner / colorless

бесплодно и быстро, страшно быстро. Нигде время так
fruitless / and / quickly / scarily / quickly / Nowhere / time / so

не бежит, как в России; в тюрьме, говорят, оно бежит
not runs / as / in / Russia / in / prison / (they) say / it / runs

еще скорей. Однажды, за обедом, в клубе, Павел
still / faster / Once / for / lunch / in / (the) club / Pavel

Петрович узнал о смерти княгини Р. Она
Petrovitch / learned / about / (the) death / (of) princess / P. / She

скончалась в Париже, в состоянии близком к
deceased / in / Paris / in / state / close / to

помешательству. Он встал из-за стола и долго
lunacy / He / got up / from behind / (the) table / and / long

ходил по комнатам клуба, останавливаясь как вкопанный
walked / on / rooms / (of the) club / stopping / as / dug in

близ карточных игроков, но не вернулся домой раньше
near / card / players / but / not / returned / home / earlier

обыкновенного. Через несколько времени он получил
(than) usual / After / several / times / he / received

пакет, адресованный на его имя: в нем находилось
(a) package / addressed / to / his / name / in / it / was

данное им княгине кольцо. Она провела по сфинксу
given him (the) princess' ring She conducted on (the) sphinx
drew

крестообразную черту и велела ему сказать, что крест
(a) cruciform line and commanded him to say that cross

— вот разгадка.
here clue

Это случилось в начале 48-го года, в то самое
This happened in (the) beginning of the 48th year in that same

время, когда Николай Петрович, лишившись жены,
time when Nikolai Petrovitch deprived (of the) wife

приезжал в Петербург. Павел Петрович почти не видался
arrived in Petersburg Pavel Petrovitch almost not met

с братом с тех пор, как тот поселился в
with (his) brother from those times as that (he) settled in

деревне: свадьба Николая Петровича совпала с
(the) village (the) wedding (of) Nicholas Petrovich coincided with

самыми первыми днями знакомства Павла Петровича
(the) very first days (of) acquaintance (of) Pavel Petrovich

с княгиней. Вернувшись из-за границы, он
with (the) princess After returning from behind (the) borders he

отправился к нему с намерением погостить у него
directed himself to him with intention to visit with him

месяца два, полюбоваться его счастием, но выжил у
months (or) two admire his happiness but survived with

него одну только неделю. Различие в положении
him one only week (The) difference in (the) position

обоих братьев было слишко́м велико. В 48-м году это
(of) both brothers was too great In (the) 48th year this

различие уменьшилось: Николай Петрович потерял жену,
difference decreased Nikolai Petrovitch lost (the) wife

Павел Петрович потерял свои воспоминания; после
Pavel Petrovitch lost his memory after

смерти княгини он старался не думать о ней. Но
(the) death (of the) princess he tried not to think about her But

у Николая оставалось чувство правильно проведенной
with Nicholas remained (a) feeling (of a) right spent

жизни, сын вырастал на его глазах; Павел,
life (the) son grew in his eyes Pavel
in front of

напротив, одинокий холостяк, вступал в то смутное,
on (the) contrary (a) single bachelor entered in that vague

сумеречное время, время сожалений, похожих на надежды,
crepuscular time time (of) regrets similar to hopes

надежд, похожих на сожаления, когда молодость прошла,
hopes similar on regret when youth passed

а старость еще не настала.
and (the) old age still not has come

Это время было труднее для Павла Петровича, чем
This time was more difficult for Pavel Petrovich with what
than

для всякого другого: потеряв свое прошедшее, он все
for any other losing his past he everything

потерял.
lost

— Я не зову теперь тебя в Марьино, — сказал ему
I not call now you in Marina said to him
invite

однажды Николай Петрович (он назвал свою деревню этим
once Nikolai Petrovitch he called his village that

именем в честь жены), — ты и при покойнице
name in honor (to the) wife you also before deceased
my wife died

там соскучился, а теперь ты, я думаю, там с
there yourself bored and now you I think there from

тоски пропадешь.
melancholy will disappear

— Я был еще глуп и суетлив тогда, — отвечал Павел
I was still foolish and fussy then answered Pavel

Петрович, — с тех пор я угомонился, если не
Petrovitch from those times I settled down if not
since

поумнел. Теперь, напротив, если ты позволишь, я
wised up Now on (the) contrary if you let me I

готов навсегда у тебя поселиться.
am ready forever with you to settle down

Вместо ответа Николай Петрович обнял его; но
Instead of (an) answer Nikolai Petrovitch embraced him but

полтора года прошло после этого разговора, прежде
one-and-a-half years passed after this conversation before

чем Павел Петрович решился осуществить свое
with what that Pavel Petrovitch decided to implement his

намерение. Зато, поселившись однажды в деревне, он
intention However settled once in (the) village he

уже не покидал ее даже и в те три зимы,
already not left her even also in those three winters

которые Николай Петрович провел в Петербурге с
which Nikolai Petrovitch spent in (saint) Petersburg with

сыном. Он стал читать, все больше по-английски; он
(the) son He started to read all more (of) English he

вообще всю жизнь свою устроил на английский вкус, редко
generally all life his built on (the) English taste rarely

видался с соседями и выезжал только на выборы,
met with neighbors and drove out only on (the) elections

где он большею частию помалчивал, лишь изредка
where he (for a) large part kept quiet just occasionally

дразня и пугая помещиков старого покроя
teasing and frightening landowners (of the) old cuts

либеральными выходками и не сближаясь с
with liberal antics and not converging with

представителями нового поколения. И те и другие
representatives (of the) new generations And those and others

считали его гордецом; и те и другие его уважали за
counted him proud / and those and others him respected. for
haughty

его отличные, аристократические манеры, за слухи о
his excellent aristocratic manners, for rumors about

его победах; за то, что он прекрасно одевался и всегда
his victories for this that he (was) well dressed and always

останавливался в лучшем номере лучшей гостиницы; за
stayed in (the) best room (of the) best hotel for

то, что он вообще хорошо обедал, а однажды даже
this that he generally good dined and once even

пообедал с Веллингтоном у Людовика-Филиппа; за то,
had dinner with Wellington with Louis-Philippe for this

что он всюду возил с собою настоящий серебряный
that he everywhere led with himself (a) real silver
brought

несессер и походную ванну; за то, что от него пахло
necessaire and hiking bathtub for this that from him wafted
toilet portable

какими-то необыкновенными, удивительно «благородными»
some extraordinary amazing noble

духами; за то, что он мастерски играл в вист и всегда
perfumes for this that he masterfully played in whist and always

проигрывал; наконец, его уважали также за его
was losing finally him respected also for his

безукоризненную честность. Дамы находили его
impeccable honesty Ladies found him

очаровательным меланхоликом, но он не знался с
charming melancholic but he not knew himself with
could deal

дамами…
(the) ladies

— Вот видишь ли, Евгений, — промолвил Аркадий,
Here (you) see do you Eugene uttered Arkady

оканчивая свой рассказ, — как несправедливо ты судишь
ending his (the) story how unjust you judge

о дяде! Я уже не говорю о том, что он не раз
about uncle I already not talk about that that he not once
often

выручал отца из беды, отдавал ему все свои
bailed out (the) father from misfortune gave to him all his

деньги, — имение, ты, может быть, не знаешь, у них
money estate you may be not (you) know with them

не разделено, — но он всякому рад помочь и, между
not divided but he everyone happy to help and between

прочим, всегда вступается за крестьян; правда, говоря
other (things) always intervenes for peasants true saying

с ними, он морщится и нюхает одеколон…
with them he wrinkles and sniffs cologne

— Известное дело: нервы, — перебил Базаров.
Known matter nerves interrupted Bazarov

— Может быть, только у него сердце предоброе. И
Can be only with him (the) heart extremely well And

он далеко не глуп. Какие он мне давал полезные
he (by) far not (is) dumb What he to me gave useful

советы... особенно... особенно насчет отношений к
advice especially especially about relations to

женщинам.
women

— Ага! На своем молоке обжегся, на чужую воду
Aha On his milk burned on someone else's water

дует. Знаем мы это!
blowing Know we this

— Ну, словом, — продолжал Аркадий, — он глубоко
Well (with a) word continued Arkady he deeply

несчастлив, поверь мне; презирать его — грешно.
unhappy trust me to me to despise him (is) sinful

— Да кто его презирает? — возразил Базаров. — А я
Yes who him despises objected Bazarov And I

все-таки скажу, что человек, который всю свою жизнь
all-so will say that man who all his life
(nonetheless)

поставил на карту женской любви и когда ему эту
placed on (a) card (of female) love and when to him this

карту убили, раскис и опустился до того, что ни на
card killed (he) soured and himself sank to that that not on

что не стал способен, этакой человек — не
whatever not started was capable this man not

мужчина, не самец. Ты говоришь, что он несчастлив: тебе
(a) man   not   (a) male   You   say   that   he   (is) unhappy   to you

лучше знать; но дурь из него не вся вышла. Я
better   to know   but   folly   from   him   not   entirely   left   I

уверен, что он не шутя воображает себя дельным
am convinced   that   he   not   jokingly   imagines   himself   (a) decent

человеком, потому что читает Галиньяшку и раз в
man   therefore   that   (he) reads   Galignac   and   once   in

месяц избавит мужика от экзекуции.
(a) month   gets rid of   (a) peasant   from   executions
  saves

— Да вспомни его воспитание, время, в которое он жил,
Yes   remember   his   upbringing   (the) time   in   which   he   lived

— заметил Аркадий.
noted   Arkady

— Воспитание? — подхватил Базаров. — Всякий человек
Upbringing   grabbed   Bazarov   Every   man

сам себя воспитать должен — ну хоть как я,
himself   himself   educate   must   now   might as well   like   me

например... А что касается до времени — отчего я от
for example   And   what   touched   to   (the) time   why   I   from
  concerned

него зависеть буду? Пускай же лучше оно зависит от
it   depend   will   Let go   then   better   it   depends   from

меня. Нет, брат, это все распущенность, пустота! И что
me   No   brother   this   all   debauchery   emptiness   And   what

за таинственные отношения между мужчиной и
for mysterious relations between man and

женщиной? Мы, физиологи, знаем, какие это отношения.
woman We physiologists know what this relation (is)

Ты проштудируй-ка анатомию глаза: откуда тут
You study some anatomy (of the) eyes where from here

взяться, как ты говоришь, загадочному взгляду? Это все
take up as you say mysterious gaze This all

романтизм, чепуха, гниль, художество. Пойдем лучше
romanticism nonsense (the) rot art Let us go better

смотреть жука.
to look (at the) bug

И оба приятеля отправились в комнату Базарова, в
And both friends set off in (the) room (of) Bazarov in

которой уже успел установиться какой-то
which already (he) had time to set up some

медицинско-хирургический запах, смешанный с запахом
medical-surgical smell mixed with (the) smell

дешевого табаку.
(of) cheap tobacco

VIII
Chapter 8

Павел Петрович недолго присутствовал при беседе
Pavel Petrovitch not long was present at (the) conversation

брата с управляющим, высоким и худым
(of the) brother with (the) manager (a) tall and thin

человеком с сладким чахоточным голосом и
man with sugary phthisic voice and
lung affected

плутовскими глазами, который на все замечания Николая
devious eyes which on all remarks (of) Nicholas

Петровича отвечал: «Помилуйте-с, известное дело-с» — и
Petrovich answered Have mercy-sir (it's a) known case-sir and

старался представить мужиков пьяницами и ворами.
tried to present peasants (as) drunks and thieves

Недавно заведенное на новый лад хозяйство скрипело,
(The) recently started on (a) new mode farming creaked

как немазаное колесо, трещало, как домоделанная
as (an) unlubricated wheel crackled as homemade

мебель из сырого дерева. Николай Петрович не
furniture from raw wood Nikolai Petrovitch not
fresh

унывал, но частенько вздыхал и задумывался: он
was despondent but frequently sighed and pondered he

чувствовал, что без денег дело не пойдет, а
felt that without money (the) matter not goes and

деньги у него почти все перевелись. Аркадий сказал
money with him almost all passed away Arkady said

правду: Павел Петрович не раз помогал своему брату;
(the) truth Pavel Petrovitch not once assisted his brother
multiple times

не раз, видя, как он бился и ломал себе голову,
not once seeing how he struggled and broke himself (the) head

придумывая, как бы извернуться, Павел Петрович
thinking up how would twist Pavel Petrovitch

медленно подходил к окну и, засунув руки в
slowly approached to (the) window and shoving (the) hands in

карманы, бормотал сквозь зубы: «Mais je puis vous
pockets muttered through (the) teeth But I can you
(French)

donner de l'argent» — и давал ему денег; но в этот
give of the money and gave to him money but in this

день у него самого ничего не было, и он предпочел
day with him self nothing not was and he preferred

удалиться. Хозяйственные дрязги наводили на него
to retire Household squabbles guided on him
The landlord produced in

тоску; притом ему постоянно казалось, что Николай
melancholy besides to him constantly (it) seemed that Nikolai

Петрович, несмотря на все свое рвение и трудолюбие,
Petrovitch in spite on all his zeal and diligence
of

не	так	принимается	за	дело,	как	бы	следовало;
not	so	himself takes	for	(the) business	as	would was	(it) followed necessary

хотя	указать,	в	чем	собственно	ошибается	Николай
although	to specify	in	what	in fact	himself mistakes	Nikolai

Петрович,	он	не	сумел	бы.	«Брат	не	довольно
Petrovitch	he	not	managed	would	(My) brother	(is) not	quite

практичен,	—	рассуждал	он	сам	с	собою,	—	его
practical		was reflecting	he	himself	with	himself		him

обманывают».	Николай	Петрович,	напротив,	был
(they) cheat	Nikolai	Petrovitch	on (the) contrary	was

высокого	мнения	о	практичности	Павла	Петровича	и
(of) high	opinion	about	(the) practicality	(of) Pavel	Petrovich	and

всегда	спрашивал	его	совета.	«Я	человек	мягкий,	слабый,
always	asked	him	advice	I	(am a) man	soft	weak

век	свой	провел	в	глуши,	—	говаривал	он, —	а
century	my	spent	in	(the) wilderness		said would say	he	and

ты	недаром	так	много	жил	с	людьми,	ты	их	хорошо
you	not right	so	much	lived	with	people	you	them	good

знаешь:	у	тебя	орлиный	взгляд».	Павел	Петрович	в
(you) know	with	you	eagle	look	Pavel	Petrovitch	in

ответ	на	эти	слова	только	отворачивался,	но	не
answer	on	these	words	only	turned away	but	not

разуверял	брата.
disbelieved	brother

Оставив Николая Петровича в кабинете, он отправился
Leaving Nicholas Petrovich in (the) office he directed himself

по коридору, отделявшему переднюю часть дома от
on corridor separating (the) hall part at home from

задней, и, поравнявшись с низенькою дверью,
rear and (after) coming alongside with low (the) door

остановился в раздумье, подергал себе усы и
stopped in reflection jerked himself (the) moustaches and

постучался в нее.
knocked in her

— Кто там? Войдите, — раздался голос Фенечки.
Who there Enter rang out voice (of) Fenechka

— Это я, — проговорил Павел Петрович и отворил
This (is) I spoke Pavel Petrovitch and opened

дверь.
(the) door

Фенечка вскочила со стула, на котором она уселась
Fenechka jumped from (the) chair on which she sat

с своим ребенком, и, передав его на руки
with her child and giving over him on (the) hands

девушки, которая тотчас же вынесла его вон из
(of the) girl who immediately then carried out him there from

комнаты, торопливо поправила свою косынку.
(the) room hurriedly corrected her headscarf

— Извините, если я помешал, — начал Павел Петрович,
Excuse (me) if I disturbed began Pavel Petrovitch

не глядя на нее, — мне хотелось только попросить
not looking at her to me myself wanted only to ask

вас... сегодня, кажется, в город посылают... велите купить
you today (it) seems in (the) city (they) send order to buy

для меня зеленого чаю.
for me green tea

— Слушаю-с, — отвечала Фенечка, — сколько
(I) listen-sir answered Fenechka how much
(су́дарь)

прикажете купить?
(you) order (me) buy

— Да полфунта довольно будет, я полагаю. А у вас
Yes half a pound rather will be I suppose And with you

здесь, я вижу, перемена, — прибавил он, бросив вокруг
here I see change added he throwing around

быстрый взгляд, который скользнул и по лицу
(a) swift glance which slipped also on (the) face

Фенечки. — Занавески вот, — промолвил он, видя, что
(of) Fenechka (The) curtains here uttered he seeing that

она его не понимает.
she him not understands

— Да-с, занавески; Николай Петрович нам их
Yes-sir (the) curtains Nikolai Petrovitch to us them

пожаловал; да уж они давно повешены.
granted yes already they long ago were hung

— Да и я у вас давно не был. Теперь у вас здесь
Yes and I with you long ago not was Now with you here

очень хорошо.
very good

— По милости Николая Петровича, — шепнула Фенечка.
On kindness (of) Nicholas Petrovich whispered Fenechka

— Вам здесь лучше, чем в прежнем флигельке? —
To you here better with what in former little wing
than (of the house)

спросил Павел Петрович вежливо, но без малейшей
asked Pavel Petrovitch politely but without (the) slightest

улыбки.
smile

— Конечно, лучше-с.
Of course better-sir

— Кого теперь на ваше место поместили?
Whom now on your place placed

— Теперь там прачки.
Now there laundresses

— А!
Ah

Павел Петрович умолк. «Теперь уйдет», — думала
Pavel Petrovitch fell silent now (he) will go thought

Фенечка, но он не уходил, и она стояла перед ним как
Fenechka but he not went out and she stood before him like

вкопанная; слабо перебирая пальцами.
dug in weakly going over (her) fingers

— Отчего вы велели вашего маленького вынести? —
Why you commanded your little one to bring out

заговорил, наконец, Павел Петрович. — Я люблю детей:
spoke finally Pavel Petrovitch I love children

покажите-ка мне его.
show me to me him

Фенечка вся покраснела от смущения и от
Fenechka entirely reddened from embarrassment and from

радости. Она боялась Павла Петровича: он почти никогда
happiness She was afraid (of) Pavel Petrovich he almost never

не говорил с ней.
not talked with her

— Дуняша, — кликнула она, — принесите Митю (Фенечка
Dunyasha cried out she bring Mitya Fenechka
Dunya dear (formal)

всем в доме говорила вы). А не то погодите;
with all in (the) house talked you And not then wait
(formal)

надо ему платьице надеть.
necessary to him (a) little dress put on

Фенечка направилась к двери.
Fenechka headed to (the) door

— Да все равно, — заметил Павел Петрович.
Yes all (the) same / that's fine — noted Pavel Petrovitch

— Я сейчас, — ответила Фенечка и проворно вышла.
I now (go) — answered Fenechka and quickly left

Павел Петрович остался один и на этот раз с
Pavel Petrovitch stayed one alone and at this time with

особенным вниманием оглянулся кругом.
special attention looked around himself around

Небольшая, низенькая комнатка, в которой он находился,
(A) small low room in which he found himself

была очень чиста и уютна. В ней пахло недавно
was very clean and cozy In her (it) smelled (of) recently

выкрашенным полом, ромашкой и мелиссой. Вдоль
painted floor chamomile and molasses Lengthwise

стен стояли стулья с задками в виде лир; они
walls stood (the) chairs with backs in (the) form (of) lyres they

были куплены еще покойником генералом в
were purchased (from an) already deceased general in

Польше, во время похода; в одном углу возвышалась
Poland in time (of the) move in one corner rose

кроватка под кисейным пологом, рядом с кованым
(a) crib under (a) tasseled canopy next with (a) forged / to a reinforced

сундуком с круглою крышкой. В противоположном углу
chest with round lid In (the) opposite corner

горела	лампадка	перед	большим	темным	образом
burned	(the) icon-lamp	before	(a) large	dark	image

Николая-чудотворца;	крошечное	фарфоровое	яичко
(of) St. Nicholas the wonderworker	(a) tiny	porcelain	egg

на	красной	ленте	висело	на	груди	святого,
on	(a) red	ribbon	hung	on	(the) breast	(of) saint

прицепленное	к	сиянию;	на	окнах	банки	с
attached	to	shine	in	(the) windows	jars	with

прошлогодним	вареньем,	тщательно	завязанные,
last year's	jam	thoroughly	tied closed

сквозили	зеленым	светом;	на	бумажных	их
showed through	green	light	on	papers	(of) their

крышках	сама	Фенечка	написала	крупными	буквами:
lids	herself	Fenechka	wrote	(with) large	letters

«кружовник";	Николай	Петрович	любил	особенно	это
gooseberry	Nikolai	Petrovitch	loved	especially	this

варенье.	Под	потолком,	на	длинном	шнурке,	висела
jam	Under	(the) ceiling	on	(a) long	thin cord	was hanging

клетка	с	короткохвостым	чижом;	он	беспрестанно
(a) cage	with	(a) short-tailed	siskin	it	incessantly

чирикал	и	прыгал,	и	клетка	беспрестанно	качалась	и
chirped	and	hopped	and	(the) cage	incessantly	swayed	and

дрожала:	конопляные	зерна	с	легким	стуком	падали	на
trembled	hemp	grains	with	light	clatter	tumbled	on

пол. В простенке, над небольшим комодом,
(the) floor In partition over small chest of drawers

висели довольно плохие фотографические портреты
(there) hung rather bad photographic portraits

Николая Петровича в разных положениях, сделанные
(of) Nicholas Petrovich in different positions made

заезжим художником; тут же висела фотография
(by a) visiting painter here then was hanging (a) photo

самой Фенечки, совершенно не удавшаяся: какое-то
(of the) very Fenechka completely not successful some

безглазое лицо напряженно улыбалось в темной рамочке,
eyeless face tense smiled in (a) dark frame

— больше ничего нельзя было разобрать; а над
more nothing impossible was to disassemble and over

Фенечкой — Ермолов, в бурке, грозно хмурился на
Fenechka Yermolov in burka terribly frowned on

отдаленные Кавказские горы, из-под шелкового
remote Caucasian mountains from under silk

башмачка для булавок, падавшего ему на самый
slipper for pins falling to him on (the) most

лоб.
(the) forehead

Прошло минут пять; в соседней комнате слышался шелест
Passed minutes five in (the) next room was heard rustle

и шепот. Павел Петрович взял с комода
and whisper(s) Pavel Petrovitch took from (the) dresser

замасленную книгу, разрозненный том Стрельцов
(an) oily book (a) fragmented volume (of the) Fusiliers

Масальского, перевернул несколько страниц... Дверь
Masalsky flipped several pages (The) door

отворилась, и вошла Фенечка с Митей на руках. Она
was opened and entered Fenechka with Mitya on (the) arms She

надела на него красную рубашечку с галуном на
put on on him (a) red shirt with gold lace on

вороте, причесала его волосики и утерла лицо: он
(the) collar combed his hairs and wiped (the) face he

дышал тяжело, порывался всем телом и подергивал
breathed heavily tried/wrestled with all (the) body and twitched

ручонками, как это делают все здоровые дети; но
(the) hands as this (they) do all healthy children but

щегольская рубашечка видимо на него подействовала:
(the) dandy shirt visibly on him worked

выражение удовольствия отражалось на всей его пухлой
(an) expression (of) satisfaction reflected on all his plump

фигурке. Фенечка и свои волосы привела в порядок, и
little figure Fenechka also her hair brought in order and

косынку надела получше, но она могла бы
headscarf put on rather better but she could would

остаться, как была. И в самом деле, есть ли на
stay herself as (she) was And in (the) very case is whether on

свете что-нибудь пленительнее молодой красивой
(the) world something more captivating (than a) young beautiful

матери с здоровым ребенком на руках?
mother with (a) healthy child in (the) arms

— Экой бутуз, — снисходительно проговорил Павел
What bunion condescendingly spoke Pavel
what a

Петрович и пощекотал двойной подбородок Мити
Petrovitch and tickled (the) double chin (of) Mitya

концом длинного ногтя на указательном пальце;
(with the) end (of the) long nail on (the) index finger

ребенок уставился на чижа и засмеялся.
(the) child started to sneeze and laughed

— Это дядя, — промолвила Фенечка, склоняя к нему
This (is) uncle said Fenechka bowing to him

свое лицо и слегка его встряхивая, между тем как
her face and slightly him shaking between that as

Дуняша тихонько ставила на окно зажженную
Dunyasha silently set on (the) window lit

курительную свечку, подложивши под нее грош.
(a) smoking candle after placing under her (a) half copeck

— Сколько бишь ему месяцев? — спросил Павел
How many are to him months asked Pavel

Петрович.
Petrovitch

— Шесть месяцев; скоро вот седьмой пойдет,
Six months soon here seventh goes

одиннадцатого числа.
eleven number

— Не восьмой ли, Федосья Николаевна? — не без
Not eighth whether Fedosia Nikolayevna not without

робости вмешалась Дуняша.
shyness intervened Dunyasha

— Нет, седьмой; как можно! — Ребенок опять засмеялся,
No seventh how possible (The) child again laughed

уставился на сундук и вдруг схватил свою мать
stared at (the) chest and suddenly gripped his mother

всею пятерней за нос и за губы. —
(with the) whole handpalm by (the) nose and by (the) lips

Баловник, — проговорила Фенечка, не отодвигая лица
Imp spoke Fenechka not moving away (the) face

от его пальцев.
from his fingers

— Он похож на брата, — заметил Павел Петрович.
He similar to (my) brother noted Pavel Petrovitch
looks like

«На кого ж ему и походить?» — подумала Фенечка.
To whom then to him also to go thought Fenechka
he should resemble

— Да, — продолжал, как бы говоря с самим
Yes   (he) continued   as (if)   would be   talking   with   same

собой, Павел Петрович, — несомненное сходство. — Он
himself   Pavel   Petrovitch   undoubted   similarity   He

внимательно, почти печально посмотрел на Фенечку.
attentively   almost   sadly   looked   at   Fenechka

— Это дядя, — повторила она, уже шепотом.
This (is) uncle   repeated   she   already   with a whisper

— А! Павел! вот где ты! — раздался вдруг
And   Pavel   here (is)   where   you (are)   rang out   suddenly

голос Николая Петровича.
(the) voice (of) Nicholas   Petrovich

Павел Петрович торопливо обернулся и нахмурился; но
Pavel   Petrovitch   hurriedly   turned himself   and   frowned   but

брат его так радостно, с такою благодарностью глядел
brother   him   so   joyful   with   such   gratitude   looked

на него, что он не мог не ответить ему улыбкой.
at   him   that   he   not   could   not   answer   to him   (with a) smile

— Славный у тебя мальчуган, — промолвил он и
Sweet   with   you   (the) little boy   uttered   he   and
Your little boy is cute

посмотрел на часы, — а я завернул сюда насчет чаю…
looked   at   hours   and   I   turned   here   about   (of) tea
     the time   dropped in

И, приняв равнодушное выражение, Павел Петрович
And   assuming   (an) indifferent   expression   Pavel   Petrovitch

тотчас   же вышел вон   из   комнаты.
immediately then   left there from (the) rooms

— Сам   собою   зашел? — спросил Фенечку Николай
Personally himself visited   asked   to Fenechka Nikolai

Петрович.
Petrovitch

— Сами-с; постучались и   вошли.
Himself-sir (he) knocked and entered

— Ну, а Аркаша больше у тебя не был?
Well also Arkasha more with you not was

— Не был. Не   перейти   ли   мне   во   флигель,
Not was Not to move over whether me into (the) wing

Николай Петрович?
Nikolai   Petrovitch

— Это зачем?
This   why

— Я думаю, не лучше   ли   будет на первое время.
I think not better whether will be for (the) first time

— Н... нет, — произнес с запинкой Николай Петрович
N   no   pronounced with hesitation Nikolai   Petrovitch

и   потер себе   лоб.   — Надо   было прежде...
and rubbed himself (the) forehead Necessary was   before

Здравствуй, пузырь, — проговорил он   с внезапным
Hello   bubble   spoke   he with sudden

оживлением и, приблизившись к ребенку, поцеловал его
revitalization and approaching to (the) child kissed him

в щеку; потом он нагнулся немного и приложил губы
in cheek then he bent down a little and laid (the) lips
on the cheek

к Фенечкиной руке, белевшей, как молоко, на красной
to Fenechkina's hand white as milk on (the) red
little Fenechka's

рубашечке Мити.
shirt (of) Mitya

— Николай Петрович! что вы это? — пролепетала она и
Nikolai Petrovitch what you this whispered she and

опустила глаза, потом тихонько подняла их... Прелестно
lowered (the) eyes then silently raised them Lovely

было выражение ее глаз, когда она глядела как бы
was expression (of) her eyes when she looked as would

исподлобья да посмеивалась ласково и
from under the eyebrows yes chuckled affectionately and

немножко глупо.
a little foolish

Николай Петрович познакомился с Фенечкой
Nikolai Petrovitch was introduced with Fenechka

следующим образом. Однажды, года три тому назад,
(through the) following manner Once years three -that- back

ему пришлось ночевать на постоялом дворе в
to him was necessary overnight on (a) lodging yard in
he had to stay over at an inn

отдаленном уездном городе. Его приятно поразила
(the) remote county town To him pleasantly amazed

чистота отведенной ему комнаты, свежесть
(the) purity (of the) allotted to him rooms (the) freshness

постельного белья. «Уж не немка ли здесь
(of the) bedding linens Already not German whether here

хозяйка?» — пришло ему на мысль; но хозяйкой
(the) mistress came to him on (the) thought but (the) mistress

оказалась русская, женщина лет пятидесяти, опрятно
turned out to be (a) Russian woman years fifty neatly

одетая, с благообразным умным лицом и степенною
dressed with auspicious wise face and stately

речью. Он разговорился с ней за чаем; очень она
speech He talked with her over tea very she

ему понравилась. Николай Петрович в то время
to him was liked Nikolai Petrovitch in that time

только что переселился в новую свою усадьбу и, не
only that had relocated in (the) new (of) his manor and not
just

желая держать при себе крепостных людей, искал
desiring to hold with himself (the) serf people searched for

наемных; хозяйка, с своей стороны, жаловалась на
hired (ones) (the) mistress from her side complain to on

малое число проезжающих в городе, на тяжелые
(a) little number passing in town in heavy
difficult

времена; он предложил ей поступить к нему в дом
times he offered her to enter to him in (the) house

в качестве экономки; она согласилась. Муж у
in quality (of) housekeeper she agreed (The) husband with

ней давно умер, оставив ей одну только дочь,
her long ago died leaving her one only (the) daughter

Фенечку. Недели через две Арина Савишна (так звали
Fenechka Weeks after two Arina Savishna so (they) called
was called

новую экономку) прибыла вместе с дочерью в
(the) new housekeeper arrived together with (her) daughter in

Марьино и поселилась во флигельке. Выбор Николая
Marina and settled in outhouse (The) choice (of) Nicholas

Петровича оказался удачным, Арина завела порядок в
Petrovich turned out to be successful Arina brought order in

доме. О Фенечке, которой тогда минул уже
(the) house About Fenechka which then passed already

семнадцатый год, никто не говорил, и редкий ее
seventeenth year nobody not talked and rarely her

видел: она жила тихонько, скромненько, и только по
(one) saw she lived silently modestly and only on

воскресеньям Николай Петрович замечал в приходской
Sunday Nikolai Petrovitch noticed in (the) parish

церкви, где-нибудь в сторонке, тонкий профиль ее
church somewhere in sideways (the) thin profile (of) her

беленького лица. Так прошло более года.
white face So passed more years

В одно утро Арина явилась к нему в кабинет и, по
In one morning Arina appeared to him in (the) office and on

обыкновению, низко поклонившись, спросила его, не может
as usual low bowing himself asked him not can

ли он помочь ее дочке, которой искра из
whether he help her daughter to whom (a) spark from

печки попала в глаз. Николай Петрович, как все
(the) stove fell in (the) eyes Nikolai Petrovitch as all

домоседы, занимался лечением и даже выписал
homebodies occupied himself (with the) treatment and even ordered for

гомеопатическую аптечку. Он тотчас велел Арине
(a) homeopathic apothecary He immediately ordered Arina

привести больную. Узнав, что барин ее зовет,
to bring (the) sick Recognizing that (the) landlord her calls

Фенечка очень перетрусилась, однако пошла за матерью.
Fenechka very stressed out however went after (the) mother

Николай Петрович подвел ее к окну и взял ее
Nikolai Petrovitch led her to (the) window and took her

обеими руками за голову. Рассмотрев хорошенько
(with) both (his) hands by (the) head Having considered thoroughly

ее покрасневший и воспаленный глаз, он прописал ей
her flushed and inflamed eye he prescribed her

примочку, которую тут же сам составил, и, разорвав
primo which here then himself composed and tearing

на части свой платок, показал ей, как надо
in part his shawl showed her how necessary

примачивать. Фенечка выслушала его и хотела выйти.
to soak Fenechka listened to him and wanted to go out

«Поцелуй же ручку у барина, глупенькая», —
Kiss then (the) hand with (the) nobleman silly

сказала ей Арина. Николай Петрович не дал ей своей
said her Arina Nikolai Petrovitch not gave her his

руки и, сконфузившись, сам поцеловал ее в
hands and embarrassed himself kissed her in

наклоненную голову, в пробор. Фенечкин глаз скоро
(the) tilted head in parting Fenechka's eyes soon

выздоровел, но впечатление, произведенное ею на
recovered but (the) impression produced of her on

Николая Петровича, прошло не скоро. Ему все
Nicholas Petrovich passed not soon To him all

мерещилось это чистое, нежное, боязливо приподнятое
imagined this empty tender timid upraised

лицо; он чувствовал под ладонями рук своих эти
face he felt under (the) palms (of the) hands of his these
this

мягкие волосы, видел эти невинные, слегка раскрытые
soft hairs saw these innocent slightly opened
hair

губы, из-за которых влажно блистали на солнце
lips from behind which damp shone in (the) sun

жемчужные зубки. Он начал с большим вниманием
(the) pearly teeth He began with large attention

глядеть на нее в церкви, старался заговаривать с нею.
to look at her in church tried to conspire with her

Сначала она его дичилась и однажды, перед вечером,
First she him savaged and once before (in the) evening

встретив его на узкой тропинке, проложенной
after meeting him on (the) small path paved

пешеходами через ржаное поле, зашла в высокую,
(for) pedestrians through (the) rye field (she) went in (the) high

густую рожь, поросшую полынью и васильками,
thick rye overgrown (with) wormwood and cornflowers

чтобы только не попасться ему на глаза. Он увидал
in order to only not get caught to him on (the) eyes He saw

ее головку сквозь золотую сетку колосьев, откуда она
her little head through (the) golden grid (of) ears where from she

высматривала, как зверок, и ласково крикнул ей:
snooped as (an) animal and affectionately shouted her

— Здравствуй, Фенечка! Я не кусаюсь.
Hello Fenechka I (do) not bite

— Здравствуйте, — прошептала она, не выходя из своей
Hello whispered she not leaving from her

засады.
hiding place

Понемногу она стала привыкать к нему, но все еще
Little by little she started to get used to him but all still

робела в его присутствии, как вдруг ее мать Арина
got timid in his presence as suddenly her mother Arina

умерла от холеры. Куда было деваться Фенечке? Она
died from cholera Where was to put herself Feneche She

наследовала от своей матери любовь к порядку,
inherited from her mother (her) love for order

рассудительность и степенность; но она была так молода,
prudence and steadiness but she was so young

так одинока; Николай Петрович был сам такой добрый
so alone Nikolai Petrovitch was himself so good

и скромный... Остальное досказывать нечего...
and modest The rest to elaborate nothing unnecessary

— Так-таки брат к тебе и вошел? — спрашивал ее
So-so brother to you also entered asked her

Николай Петрович. — Постучался и вошел?
Nikolai Petrovitch Knocked and entered

— Да-с.
Yes-sir

— Ну, это хорошо. Дай-ка мне покачать Митю.
Well this good Let please to me to rock(aby) Mitja

И Николай Петрович начал его подбрасывать почти под
And Nikolai Petrovitch began him to toss almost under

самый потолок, к великому удовольствию малютки и
(the) very ceiling to great pleasure (of the) baby and

к немалому беспокойству матери, которая при всяком
to not little anxiety (of the) mother who with every

его взлете протягивала руки к обнажавшимся его
his takeoff held out (the) hands to exposed his

ножкам.
legs

А Павел Петрович вернулся в свой изящный кабинет,
And Pavel Petrovitch returned in his elegant office

оклеенный по стенам красивыми обоями дикого цвета,
pasted on (the) walls (with) beautiful wallpaper wild colored

с развешанным оружием на пестром персидском
with hung weapons on (the) variegated persian

ковре, с ореховою мебелью, обитой темно-зеленым
carpet with nutwood furniture upholstered dark green

трипом, с библиотекой renaissance из старого черного
trip with library of renaissance from (of the) old black

дуба, с бронзовыми статуэтками на великолепном
oak with bronze figurines on (the) splendid

письменном столе, с камином... Он бросился на
writing table with (the) fireplace He threw himself on

диван, заложил руки за голову и остался
(the) couch laid (the) hands behind (the) head and stayed

неподвижен, почти с отчаяньем глядя в потолок.
motionless almost with despair looking at (the) ceiling

Захотел ли он скрыть от самых стен, что у него
Wanted whether he to hide from (the) very walls that with him

происходило на лице, по другой ли какой причине,
descended on (the) face on another whether what reason
or for

только он встал, отстегнул тяжелые занавески окон и
only he got up unfastened (the) heavy curtains windows and

опять бросился на диван.
again threw himself on (the) couch

IX
Chapter 9

В тот же день и Базаров познакомился с Фенечкой.
In that same day also Bazarov was introduced with Fenechka

Он вместе с Аркадием ходил по саду и
He together with Arkady walked on (the) garden and

толковал ему, почему иные деревца, особенно дубки,
(he) explained to him why other trees especially oaks

не принялись.
not undertook
took root

— Надо серебристых тополей побольше здесь сажать,
Necessary silvery poplars more here to plant

да елок, да, пожалуй, липок, подбавивши
yes spruce trees yes perhaps linden trees topping up

чернозему. Вон беседка принялась хорошо, —
(with) black soil There (the) gazebo started good

прибавил он, — потому что акация да сирень
added he therefore that Acacia yes (is of the genus) Syringa

— ребята добрые, ухода не требуют. Ба, да тут
children good care not (they) demand Wow yes here
(surprise)

кто-то есть.
someone is

В беседке сидела Фенечка с Дуняшей и Митей.
In (the) gazebo sat Fenechka with Dunyasha and Mitya

Базаров остановился, а Аркадий кивнул головою
Bazarov stopped and Arkady nodded (the) head

Фенечке, как старый знакомый.
to Fenechka as (an) old familiar

— Кто это? — спросил его Базаров, как только они
Who (is) this asked him Bazarov as only they

прошли мимо. — Какая хорошенькая!
went by How pretty

— Да ты о ком говоришь?
Yes you about whom (do you) talk

— Известно о ком: одна только хорошенькая.
Is known about whom one only pretty

Аркадий, не без замешательства, объяснил ему в
Arkady not without (of) confusion explained to him in

коротких словах, кто была Фенечка.
short words who was Fenechka

— Ага! — промолвил Базаров, — у твоего отца, видно,
Aha uttered Bazarov with your father visible

губа не дура. А он мне нравится, твой отец,
(the) lip (is) not (a) fool And he to me pleases your father
he knows who to kiss

ей-ей! Он молодец. Однако надо познакомиться, —
ey-ey He (is a) fine fellow However necessary to be introduced

прибавил он и отправился назад к беседке.
added he and directed himself back to (the) gazebo

— Евгений! — с испугом крикнул ему вослед Аркадий,
Eugene with fright shouted to him after Arkady

— осторожней, ради Бога.
be careful for the sake (of) god

— Не волнуйся, — проговорил Базаров, — народ мы
(Do) not worry spoke Bazarov people we
like us

тертый, в городах живали.
grated in cities (we) lived
experienced

Приблизясь к Фенечке, он скинул картуз.
Approaching to Fenechka he threw off (the) cap

— Позвольте представиться, — начал он с
Please allow (me) to introduce myself began he with

вежливым поклоном, — Аркадию Николаевичу приятель и
(a) polite bow Arkady Nikolayevich's friend and

человек смирный.
man meek

Фенечка приподнялась со скамейки и глядела на
Fenechka sprung from (the) little bench and looked at

него молча.
him silently

— Какой ребенок чудесный! — продолжал Базаров. —
What child wonderful continued Bazarov

Не   беспокойтесь, я еще никого не   сглазил. Что это
(Do) not   worry   I still no one not looked evil at What this

у   него   щеки   такие красные? Зубки, что   ли,
with his   cheeks   so   beautiful   Teeth   that whether

прорезаются?
cut through
are growing out

— Да-с, — промолвила Фенечка, — четверо зубков   у
   Yes-sir   said   Fenechka   four   little teeth with

него   уже прорезались, а   теперь вот   десны   опять
him   already cut through   and   now   here (his) gums again

припухли.
swelled
are swollen

— Покажите-ка… да вы не бойтесь, я доктор.
   Show me   yes you not be afraid I (am) doctor

Базаров взял на   руки   ребенка, который, к   удивлению
Bazarov   took   in (the) arms (the) child   which   to (the) surprise

и   Фенечки   и   Дуняши, не   оказал   никакого
both (of) Fenechka and   Dunyasha   not   rendered   any

сопротивления и   не испугался.
resistances   and not was frightened

— Вижу, вижу… Ничего, все в порядке: зубастый будет.
   See   see   Nothing all in order   toothy   will be

Если что случится, скажите мне. А сами вы здоровы?
If   that will happen   tell   me   And yourself you   healthy

— Здорова, слава Богу.
(I'm) healthy glory (to) god

— Слава Богу — лучше всего. А вы? — прибавил
Glory (to) god better all And you added

Базаров, обращаясь к Дуняше.
Bazarov turning to Dunyasha

Дуняша, девушка очень строгая в хоромах и хохотунья
Dunyasha (a) girl very strict in mansions and giggler

за воротами, только фыркнула ему в ответ.
behind (the) gates only snorted to him in answer

— Ну и прекрасно. Вот вам ваш богатырь. Фенечка
Well and beautiful Here to you your hero Fenechka

приняла ребенка к себе на руки.
took (the) child to herself in (the) arms

— Как он у вас тихо сидел, — промолвила она
How he with you quietly sat said she

вполголоса.
in half voice
(in a low voice)

— У меня все дети тихо сидят, — отвечал
With me all (the) children quietly sit answered

Базаров, — я такую штуку знаю.
Bazarov I such piece know

— Дети чувствуют, кто их любит, — заметила Дуняша.
Children feel who them loves noticed Dunyasha

— Это точно, — подтвердила Фенечка. — Вот и Митя, к
This exact confirmed Fenechka Here and Mitya to

иному ни за что на руки не пойдет.
any other not for what in (the) arms not goes
anything

— А ко мне пойдет? — спросил Аркадий, который,
And to me goes asked Arkady which

постояв некоторое время в отдалении, приблизился к
having stood some time in (the) distance approached to

беседке.
(the) gazebo

Он поманил к себе Митю, но Митя откинул голову
He beckoned to himself Mitya but Mitya reclined (the) head

назад и запищал, что очень смутило Фенечку.
back and squealed which very confused Fenechka

— В другой раз, когда привыкнуть успеет, —
In another time when to get used to manages

снисходительно промолвил Аркадий, и оба приятеля
graciously uttered Arkady and both friends

удалились.
withdrew

— Как бишь ее зовут? — спросил Базаров.
How (you) say her (they) call asked Bazarov

— Фенечкой... Федосьей, — ответил Аркадий.
Fenechka Fedosya answered Arkady

— А   по батюшке? Это тоже   нужно   знать.
And on little father This also necessary to know
          family name

— Николаевной.
   Nikolayevna

— Bene. Мне   нравится   в   ней   то,   что она   не   слишком
Good To me pleases in her then that she not too
(Italian)

конфузится? Иной,   пожалуй,   это-то   и   осудил   бы   в
embarrassed Another perhaps this then also condemned would in

ней.   Что   за   вздор?   чего   конфузиться?   Она
her What for nonsense for what to embarrass oneself She

мать   —   ну   и   права.
(is a) mother well and right

— Она-то   права,   —   заметил   Аркадий,   —   но   вот   отец
She-then right noted Arkady but here (the) father

мой...
mine

— И   он   прав,   —   перебил   Базаров.
And he (is) right interrupted Bazarov

— Ну,   нет,   я   не   нахожу.
Well no I not find

— Видно, лишний наследничек нам не по нутру?
Visible (an) extra heir to us not on gut
                                           like

— Как   тебе   не   стыдно   предполагать   во   мне   такие
How to you not ashamed to suppose in me such
       you are ashamed

мысли! — с жаром подхватил Аркадий. — Я не с
thoughts with heat joined in Arkady I not with

этой точки зрения почитаю отца неправым; я нахожу,
these points (of) vision read out (the) father wrong I find

что он должен бы жениться на ней.
that he must would marry to her

— Эге-ге! — спокойно проговорил Базаров. — Вот мы
Hehehe calmly spoke Bazarov Here we

какие великодушные! Ты придаешь еще значение браку;
how generous You impart still meaning to marriage

я этого от тебя не ожидал.
I this from you not expected

Приятели сделали несколько шагов в молчанье.
Acquaintances did several steps in silence

— Видел я все заведения твоего отца, — начал опять
Saw I all institution your (the) father began again

Базаров. — Скот плохой, и лошади разбитые. Строения
Bazarov Cattle bad and (a) horse broken (The) buildings

тоже подгуляли, и работники смотрят
also went for a walk and employees (they) look (like)
are neglected

отъявленными ленивцами; а управляющий либо
egregious sloths and (the) managing (person) (is) either

дурак, либо плут, я еще не разобрал хорошенько.
(a) fool or (a) cheat I still not broke down thoroughly
figured out

— Строг же ты сегодня, Евгений Васильевич.
Strict/Severe then you today Eugene Vasilyevich

— И добрые мужички надуют твоего отца
And (the) good farmers dupe your father

всенепременно. Знаешь поговорку: «Русский мужик бога
certainly (you) know (the) saying (A) Russian peasant god

слопает».
will devour

— Я начинаю соглашаться с дядей, — заметил
I start/am starting to agree with (my) uncle remarked

Аркадий, — ты решительно дурного мнения о
Arkady you (are of) absolutely bad opinion about

русских.
Russians

— Эка важность! Русский человек только тем и
Pfff (mock) (the) importance/what does it matter Russian man only with that also

хорош, что он сам о себе прескверного мнения.
nice that he self about himself (has a) nasty opinion

Важно то, что дважды два четыре, а остальное все
Important this that twice two (is) four and (the) remaining all

пустяки.
(is) trifles

— И природа пустяки? — проговорил Аркадий,
And nature (is) trifles spoke Arkady

задумчиво глядя вдаль на пестрые поля,
pensively looking into the distance at (the) multicolored fields

красиво и мягко освещенные уже невысоким
beautifully and softly illuminated (by the) already low

солнцем.
sun

— И природа пустяки в том значении, в каком ты ее
And nature (is) trifles in that meaning in what you her

понимаешь. Природа не храм, а мастерская, и
understand Nature (is) not (a) temple but (a) workshop and

человек в ней работник.
man in her (is an) employee

Медлительные звуки виолончели долетели до них из
(The) sluggish sounds (of a) cello flew to them from

дому в это самое мгновение. Кто-то играл с
(the) house in this same moment Someone played with

чувством, хотя и неопытною рукою «Ожидание»
(a) feeling although also (with an) inexperienced hand "Expectation" (Erwartung)

Шуберта, и медом разливалась по воздуху сладостная
(of) Schubert and with honey overflowed on (the) air (the) sweet

мелодия.
tune

— Это что? — произнес с изумлением Базаров.
This (is) what pronounced with amazement Bazarov

— Это отец.
This (is) father

— Твой отец играет на виолончели?
Your father plays on cello

— Да.
Yes

— Да сколько твоему отцу лет?
Yes how many to your father years

— Сорок четыре.
Forty four

Базаров вдруг расхохотался.
Bazarov suddenly chuckled

— Чему же ты смеешься?
What then you laugh

— Помилуй! в сорок четыре года человек, pater familias, в
Have mercy in forty four years man pater familias in

...м уезде — играет на виолончели!
(of) M. district plays on cellos

Базаров продолжал хохотать; но Аркадий, как ни
Bazarov continued to laugh but Arkady as if not

благоговел перед своим учителем, на этот раз даже не
in awe before his teacher -in- this time even not

улыбнулся.
smiled

X
Chapter 10

Прошло около двух недель. Жизнь в Марьине
(There) passed approximately two weeks Life in Marina

текла своим порядком: Аркадий сибаритствовал, Базаров
flowed by its order Arkady was gluttonous Bazarov

работал. Все в доме привыкли к нему, к его
worked All in (the) house (they) got used to him to his

небрежным манерам, к его немногосложным и
careless manners to his slightly complicated and

отрывочным речам. Фенечка, в особенности, до того с
fragmentary speech Fenechka in particular until that with

ним освоилась, что однажды ночью велела разбудить
him settled in that once at night commanded to wake

его: с Митей сделались судороги; и он пришел и, по
him with Mitya turned into convulsions and he arrived and -on-

обыкновению, полушутя, полузевая, просидел у ней часа
as usual half-jokingly semi-normal sat through with her hours

два и помог ребенку. Зато Павел Петрович всеми
two and helped (the) child Instead Pavel Petrovitch with all

силами души своей возненавидел Базарова: он считал
forces (of the) soul of his conceived a hatred of Bazarov he counted

его гордецом, нахалом, циником, плебеем; он подозревал,
him proud/haughty cheeky (a) cynic plebeian he suspected

что Базаров не уважает его, что он едва ли не
that Bazarov not respects him that he hardly whether not

презирает его — его, Павла Кирсанова! Николай Петрович
despises him him Pavel Kirsanov Nikolai Petrovitch

побаивался молодого «нигилиста» и сомневался в
apprehensive young nihilist and doubted in

пользе его влияния на Аркадия; но он охотно его
usefulness his influences on Arkady but he willingly him

слушал, охотно присутствовал при его физических и
listened willingly was present with his physical and

химических опытах. Базаров привез с собой
chemical experiments Bazarov brought with himself

микроскоп и по целым часам с ним возился. Слуги
(a) microscope and on whole hours with it fiddled Servants

также привязались к нему, хотя он над ними
also themselves attached to him although he over them

подтрунивал: они чувствовали, что он все-таки свой брат,
teased they felt that he all-so (nonetheless) their brother

не барин. Дуняша охотно с ним хихикала и
not (the) landlord Dunyasha willingly with him giggled and

искоса, значительно посматривала на него, пробегая мимо
askance meaningfully looked at him running by

«перепелочкой"; Петр, человек до крайности самолюбивый
like a quail Peter man to extremes self-loving

и глупый, вечно с напряженными морщинами на
and stupid always with tense wrinkles on

лбу, человек, которого все достоинство состояло в
(the) forehead (a) man whose all dignity consisted in

том, что он глядел учтиво, читал по складам и часто
that that he looked courteous read by syllables and often

чистил щеточкой свой сюртучок, — и тот ухмылялся
cleaned with a brush his petticoat and that one smirked

и светлел, как только Базаров обращал на него
and brightened as only Bazarov turned on him

внимание; дворовые мальчишки бегали за «дохтуром»,
attention (the) courtyard's boys ran for (the) doctor

как собачонки. Один старик Прокофьич не любил его, с
like little dogs Only old man Prokofich not loved him with

угрюмым видом подавал ему за столом кушанья, называл
sullen look served him at (the) table (the) food called

его «живодером» и «прощелыгой» и уверял, что он с
him animal abuser and gimp and assured that he with

своими бакенбардами — настоящая свинья в кусте.
his whiskers really (is a) pig in (a) bush

Прокофьич, по-своему, был аристократ не хуже Павла
Prokofich in its own way was aristocrat not worse (than) Pavel

Петровича.
Petrovich

Наступили лучшие дни в году — первые дни июня.
Started (the) best days in (the) year (the) first days (of) June

Погода стояла прекрасная; правда, издали
(The) weather stood beautiful true from a distance
was

грозилась опять холера, но жители ...й губернии
threatened again cholera but inhabitants (of the) ...y district

успели уже привыкнуть к ее посещениям. Базаров
(they) managed already to get used to her visits Bazarov

вставал очень рано и отправлялся версты за две, за три,
got up very early and departed versts for two for three

не гулять — он прогулок без дела терпеть не мог,
not to walk he (a) walk without business to endure not could
goal

— а собирать травы, насекомых. Иногда он брал с
and to collect grass insects Sometimes he took with

собой Аркадия. На возвратном пути у них обыкновенно
himself Arkady On (the) return roads with them usually

завязывался спор, и Аркадий обыкновенно оставался
got tied up in (a) dispute and Arkady usually remained

побежденным, хотя говорил больше своего товарища.
defeated although (he) talked more (than) his comrade

Однажды они как-то долго замешкались; Николай
Once they somehow long delayed Nikolai

Петрович   вышел   к   ним   навстречу   в   сад   и,
Petrovitch   left   to   them   towards   in   (the) garden   and

поравнявшись   с   беседкой,   вдруг   услышал   быстрые
(after) coming alongside   with   (the) gazebo   suddenly   heard   fast

шаги   и   голоса   обоих   молодых   людей.   Они   шли   по
steps   and   (the) voices   (of) both   young   people   They   went   on

ту   сторону   беседки   и   не   могли   его   видеть.
that   side   (of the) gazebo   and   not   could   him   see
the other

— Ты   отца   недостаточно   знаешь,   — говорил
You   (the) father   insufficiently   (you) know   said

Аркадий.
Arkady

Николай Петрович притаился.
Nikolai   Petrovitch   lurked

— Твой   отец   добрый   малый,   — промолвил   Базаров, —
Your   father   (is a) good   fellow   uttered   Bazarov

но   он   человек   отставной,   его   песенка   спета.
but   he   (is a) man   retired   his   song   (is) sung

Николай Петрович   приник   ухом...   Аркадий   ничего   не
Nikolai   Petrovitch   pressed close   (the) ear   Arkady   nothing   not

отвечал.
answered

«Отставной   человек»   постоял   минуты   две   неподвижно
(The) retired   person   stood for a while   minutes   two   motionless

и   медленно   поплелся   домой.
and   slowly   trudged off   to home

—   Третьего   дня,   я   смотрю,   он   Пушкина   читает, —
(The) third   day   I   look   he   (of) Pushkin   reads

продолжал   между   тем   Базаров.   —   Растолкуй   ему,
continued   between   that   Bazarov   Explain   to him

пожалуйста,   что   это   никуда   не   годится.   Ведь   он   не
please   that   this   nowhere   not   suits applies   Indeed   he   not

мальчик: пора   бросить   эту   ерунду.   И   охота   же   быть
boy   time   to throw   this   rubbish   And   (a) hunt   then   be

романтиком   в   нынешнее   время!   Дай   ему   что-нибудь
romantic   in   current   time   Give   to him   something

дельное   почитать.
practical   to read

—   Что   бы   ему   дать?   —   спросил   Аркадий.
What   would   to him   give   asked   Arkady

—   Да,   я   думаю,   Бюхнерово   «Stoff   und   Kraft»   на   первый
Yes   I   think   Buchnerovo   Material   and   Power (German)   in   (the) first

случай.
case
place

—   Я   сам   так   думаю,   —   заметил   одобрительно   Аркадий.
I   myself   so   think   noted   approvingly   Arkady

—   «Stoff   und   Kraft»   написано   популярным   языком…
Material   and   Power   is written   (with) popular   language

— Вот как мы с тобой, — говорил в тот же день
Here how we with you said in that then day

после обеда Николай Петрович своему брату, сидя у
after dinner Nikolai Petrovitch of his brother sitting with

него в кабинете, — в отставные люди попали, песенка
him in (the) office in retired people fell song
we changed

наша спета. Что ж? Может быть, Базаров и прав;
ours (is) sung What then May be Bazarov (is) also right

но мне, признаюсь, одно больно: я надеялся именно
but to me (I) admit (it's) only painful I hoped exactly

теперь тесно и дружески сойтись с Аркадием, а
now closely and amicably to go together with Arkady but

выходит, что я остался назади, он ушел вперед, и
comes out that I stayed back he left forward and

понять мы друг друга не можем.
understand we friend (the) other not are able

— Да почему он ушел вперед? И чем он от нас так
Yes why he left forward And what he from us so

уж очень отличается? — с нетерпением воскликнул
already very differs himself with impatience exclaimed

Павел Петрович. — Это все ему в голову синьор этот
Pavel Petrovitch This all to him in (the) head señor this
(Spanish)

вбил, нигилист этот. Ненавижу я этого лекаришку;
hammered in nihilist this Hate I this little healer

по-моему, он просто шарлатан; я уверен, что со
according to me he (is) simply (a) charlatan I am convinced that with

всеми своими лягушками он и в физике недалеко ушел.
all his frogs he also in physics not far left

— Нет, брат, ты этого не говори: Базаров умен и
No brother you this not say Bazarov (is) wise and

знающ.
knowing

— И самолюбие какое противное, — перебил опять
And (the) self-esteem how against repulsive interrupted again

Павел Петрович.
Pavel Petrovitch

— Да, — заметил Николай Петрович, — он самолюбив. Но
Yes noted Nikolai Petrovitch he self-loving But

без этого, видно, нельзя; только вот чего я в
without this visibly impossible only here what I in

толк не возьму. Кажется, я все делаю, чтобы не
(the) sense not will take (It) seems I all do in order to not

отстать от века: крестьян устроил, ферму завел,
to fall behind from (the) century peasants organized farm started

так что даже меня во всей губернии красным величают;
so that even me in all (the) district red dubbed

читаю, учусь, вообще стараюсь стать в уровень с
(I) read (I) study generally try to become in level with

современными требованиями, — а они говорят, что
modern requirements and they say that

песенка моя спета. Да что, брат, я сам начинаю
song mine (is) sung Yes that brother I myself start
am starting

думать, что она точно спета.
to think that she exactly (is) sung

— Это почему?
This why

— А вот почему. Сегодня я сижу да читаю Пушкина…
And here why Today I sit yes read (of) Pushkin

помнится, «Цыгане» мне попались… Вдруг Аркадий
remember Gypsies to me came across Suddenly Arkady

подходит ко мне и молча, с этаким ласковым
approached to me and silently with that affectionate

сожалением на лице, тихонько, как у ребенка, отнял
regret on (the) face silently as with (a) child took away

у меня книгу и положил передо мной другую,
from me (the) book and put before me another
in front of

немецкую… улыбнулся, и ушел, и Пушкина унес.
German smiled and left and Pushkin carried away

— Вот как! Какую же он книгу тебе дал?
Here how Which then he book to you gave

— Вот эту.
Here this

И Николай Петрович вынул из заднего кармана
And Nikolai Petrovitch took out from (the) rear pocket

сюртука пресловутую брошюру Бюхнера, девятого
(of the) frock-coat (the) notorious brochure (of) Buechner ninth

издания. Павел Петрович повертел ее в руках.
edition Pavel Petrovitch twirled her in (the) hands

— Гм! — промычал он. — Аркадий Николаевич заботится
Hm mumbled he Arkady Nikolayevich cares

о твоем воспитании. Что ж, ты пробовал читать?
about your education What then you tried to read

— Пробовал.
Tried

— Ну и что же?
Well and what then

— Либо я глуп, либо это все — вздор. Должно
Either I am stupid (or) either this all nonsense Must

быть, я глуп.
be I am stupid

— Да ты по-немецки не забыл? — спросил Павел
Yes you in German not forgot asked Pavel

Петрович.
Petrovitch

— Я по-немецки понимаю.
I in German understand

Павел Петрович опять повертел книгу в руках и
Pavel Petrovitch again twirled (the) book in (the) hands and

исподлобья взглянул на брата. Оба помолчали.
from under the eyebrows looked at (the) brother Both kept silent

— Да, кстати, — начал Николай Петрович, видимо желая
Yes by the way began Nikolai Petrovitch visibly desiring

переменить разговор. — Я получил письмо от Колязина.
to change conversation I obtained (a) letter from Kolyazin

— От Матвея Ильича?
From Matvey Ilyich

— От него. Он приехал в *** ревизовать губернию. Он
From him He arrived in *** audit district He

теперь в тузы вышел и пишет мне, что желает,
now in aces came out and writes to me that (he) wishes
as bigwig

по-родственному, повидаться с нами и приглашает
as family to see ourselves with us and invites
to meet

нас с тобой и с Аркадием в город.
us with you and with Arkady in (the) city

— Ты поедешь? — спросил Павел Петрович.
You will you go asked Pavel Petrovitch

— Нет; а ты?
No and you

— И я не поеду. Очень нужно тащиться за
Also I not will go Very necessary to haul oneself for

пятьдесят верст киселя есть. Mathieu хочет показаться
fifty miles kissel to eat Mathieu wants to appear
jellied dessert

нам во всей своей славе; черт с ним! будет с
to us in all his glory (the) devil with him will be with

него губернского фимиама, обойдется без нашего. И
him provincial incense will do itself without (of) ours And

велика важность, тайный советник! Если б я
(the) great importance (the) secret councilor If would I
high ranked official

продолжал служить, тянуть эту глупую лямку, я бы теперь
continued to serve to pull this silly strap I would now

был генерал-адъютантом. Притом же мы с тобой
was adjutant general Besides indeed we with you
be we are

отставные люди.
retired people

— Да, брат; видно, пора гроб заказывать и ручки
Yes brother visibly time (a) grave to order and (the) arms
clearly it's time

складывать крестом на груди, — заметил со вздохом
to lay together crossed over (the) breast noted with (a) sigh

Николай Петрович.
Nikolai Petrovitch

— Ну, я так скоро не сдамся, — пробормотал его
Well I so soon not will give myself muttered his

брат. — У нас еще будет схватка с этим лекарем,
brother With us still will be (a) skirmish with that doctor

я это предчувствую.
I this foreshadow

Схватка произошла в тот же день за вечерним чаем.
(The) skirmish occurred in that same day at (the) evening tea

Павел Петрович сошел в гостиную уже готовый
Pavel Petrovitch went out in (the) drawing room already ready to go

к бою, раздраженный и решительный. Он ждал только
to battle irritated and decisive He awaited only

предлога, чтобы накинуться на врага; но предлог
(a) pretext in order to pounce on (the) enemy but (a) pretext

долго не представлялся. Базаров вообще говорил мало в
long not presented itself Bazarov generally said little in

присутствии «старичков Кирсановых» (так он называл
presence (of the) old timer Kirsanoffs so he called

обоих братьев), а в тот вечер он чувствовал себя
both (the) brothers and in that evening he felt himself

не в духе и молча выпивал чашку за чашкой. Павел
not in spirit and silently drunk out cup after cup Pavel

Петрович весь горел нетерпением; его желания сбылись
Petrovitch all burned with impatience his desire came true

наконец.
finally

Речь   зашла   об   одном   из   соседних   помещиков.
(The) talk went about one   from (the) neighboring landowners

«Дрянь,   аристократишко», —   равнодушно заметил Базаров,
Crap   (a) little aristocrat   indifferently remarked Bazarov,

который встречался с   ним в Петербурге.
who   met   with him in (saint) Petersburg

— Позвольте   вас   спросить, —   начал Павел Петрович, и
Allow (me)   to you   ask   began Pavel Petrovitch and

губы   его   задрожали, —   по   вашим   понятиям
(the) lips him   began to tremble   on   your   meaning

слова: «дрянь» и «аристократ» одно   и   то   же
(of the) word   crap   and   aristocrat   one   and the same

означают?
mean

— Я   сказал: «аристократишко», —   проговорил Базаров,
I   said   little aristocrat   spoke   Bazarov,

лениво отхлебывая глоток чаю.
lazily   sipping   sip   (of) tea

— Точно так-с: но я полагаю, что вы такого же   мнения
Exactly so-sir but I suppose that you such then opinion

об   аристократах, как и   об   аристократишках. Я считаю
about aristocrats   as also about little aristocrats I count

долгом   объявить   вам,   что   я этого мнения   не
(the) duty to declare to you that I this opinion not

разделяю. Смею сказать, меня все знают за человека
share (I) dare to say me all (they) know for (a) man

либерального и любящего прогресс; но именно потому
liberal and loving (of) progress but exactly therefore

я уважаю аристократов — настоящих. Вспомните,
I respect aristocrats real ones Remember

милостивый государь (при этих словах Базаров поднял
gracious lord with these words Bazarov raised

глаза на Павла Петровича), вспомните, милостивый
(the) eyes on Pavel Petrovich remember gracious

государь, — повторил он с ожесточением, — английских
lord repeated he with exasperation English

аристократов. Они не уступают йоты от прав своих,
aristocrats They not step away / yield yotes anything from rights (of) theirs

и потому они уважают права других; они требуют
and therefore they esteem (the) right (of) others they demand

исполнения обязанностей в отношении к ним, и
(the) fulfillment (of) responsibilities in relation to them and

потому они сами исполняют свои обязанности.
therefore they themselves perform their responsibilities

Аристократия дала свободу Англии и поддерживает ее.
Aristocracy gave freedom to England and supports her

— Слыхали мы эту песню много раз, — возразил Базаров,
Hear we this song much time objected Bazarov

— но что вы хотите этим доказать?
but what you want with that to prove

— Я эфтим хочу доказать, милостивый государь (Павел
I with that want to prove gracious lord Pavel
(этим)

Петрович, когда сердился, с намерением говорил:
Petrovitch, when (he) got angry with intention spoke

«эфтим» и «эфто», хотя очень хорошо знал, что
eftim and efto although very good knew that

подобных слов грамматика не допускает. В этой причуде
similar words grammar not allows In this quirk

сказывался остаток преданий Александровского времени.
affected itself (a) residue (of) legends (from) Alexandrovsky's time

Тогдашние тузы, в редких случаях, когда говорили на
(The) then-while aces in rare cases when (they) spoke in
bigwigs

родном языке, употребляли одни — эфто, другие — эхто:
native language consumed some efto others ehto

мы, мол, коренные русаки, и в то же время мы
we pray indigenous rusyaks and in that then time we

вельможи, которым позволяется пренебрегать школьными
nobles to which allowed neglect (the) school

правилами), я эфтим хочу доказать, что без чувства
rules I with that want to prove that without feeling

собственного достоинства, без уважения к самому себе,
(of the) own dignity without respect to self myself

— а в аристократе эти чувства развиты, — нет
and in (an) aristocrat these feeling developed not

никакого прочного основания общественному... bien public,
any durable grounds public good public property

общественному зданию. Личность, милостивый государь, —
public building Personality gracious lord

вот главное: человеческая личность должна быть
here (the) main (thing) human personality must be

крепка, как скала, ибо на ней все строится. Я очень
strong as rock since on her all (they) build I very

хорошо знаю, например, что вы изволите находить
good know for example that you deign to find

смешными мои привычки, мой туалет, мою опрятность
ridiculous my habits (of) my toilet my neatness
dress

наконец, но это все проистекает из чувства
finally but this all transpires from feeling

самоуважения, из чувства долга, да-с, да-с, долга. Я
of self-esteem from (a) feeling (of) duty yes-sir yes-sir (of) duty I

живу в деревне, в глуши, но я не роняю себя, я
live in (the) village in (the) wilderness but I not drop himself I

уважаю в себе человека.
respect in myself (the) man

— Позвольте, Павел Петрович, — промолвил Базаров, —
Please Pavel Petrovitch uttered Bazarov

вы вот уважаете себя и сидите сложа руки; какая
you here respect yourself and (you) sit idly (the) hands what

ж от этого польза для bien public? Вы бы не
then from this benefit for good public You would not
If you

уважали себя и то же бы делали.
respected yourself also this same would did
respect do

Павел Петрович побледнел.
Pavel Petrovitch turned pale

— Это совершенно другой вопрос. Мне вовсе не
This (is) completely another question To me completely not

приходится объяснять вам теперь, почему я сижу сложа
fits to explain to you now why I sit idly

руки, как вы изволите выражаться. Я хочу только
(the) hands as you deign to express yourself I want only

сказать, что аристократизм — принсип, а без
to say that aristocratism (a) principle and without

принсипов жить в наше время могут одни
priniciples to live in our time can only

безнравственные или пустые люди. Я говорил это Аркадию
immoral or empty people I said this Arkady

на другой день его приезда и повторяю теперь вам.
to (the) other day (of) his visit and (I) repeat now to you

Не так ли, Николай?
Not so whether Nikolai

Николай Петрович кивнул головой.
Nikolai Petrovitch nodded (with the) head

— Аристократизм, либерализм, прогресс, принципы, —
Aristocratism liberalism progress principles

говорил между тем Базаров, — подумаешь, сколько
said between that Bazarov (you) think how many

иностранных... и бесполезных слов! Русскому человеку
foreign and useless words (The) Russian man

они даром не нужны.
they with a strike not needed
in a flash

— Что же ему нужно, по-вашему? Послушать вас, так
What then to him necessary on-yours To listen to you so
in your opinion

мы находимся вне человечества, вне его законов.
we are outside (of) humanity outside its laws

Помилуйте — логика истории требует...
Have mercy logic stories demands

— Да на что нам эта логика? Мы и без нее
Yes for what to us this logic We also without her

обходимся.
make do

— Как так?
How so

— Да так же. Вы, я надеюсь, не нуждаетесь в логике
Yes so then You I hope not have need in logics

для	того,	чтобы	положить	себе	кусок	хлеба	в
for	that	in order to	put	yourself	(a) piece	(of) bread	in

рот,	когда	вы	голодны.	Куда	нам	до	этих
(the) mouth	when	you	(are) hungry	Where What reason	to us	to	these

отвлеченностей!
distractions

Павел Петрович взмахнул руками.
Pavel Petrovitch swung (his) arms

— Я вас не понимаю после этого. Вы оскорбляете русский
I you not understand after this You insult Russian

народ. Я не понимаю, как можно не признавать
people I not understand how (it's) possible not to recognize

принсипов, правил! В силу чего же вы
priniciples rules In (the) strength of what then you

действуете?
act

— Я уже говорил вам, дядюшка, что мы не признаем
I already said to you uncle that we not admit

авторитетов, — вмешался Аркадий.
authorities intervened Arkady

— Мы действуем в силу того, что мы признаем
We act in (the) strength that what we admit

полезным, — промолвил Базаров. — В теперешнее время
(to be) useful uttered Bazarov In current time

полезнее   всего   отрицание — мы   отрицаем.
more useful than all (is) denial we deny

— Всё?
Everything

— Всё.
Everything

— Как? не только искусство, поэзию... но и... страшно
How not only art poetry but also (it's) frightful

вымолвить...
to utter

— Всё, — с невыразимым спокойствием повторил
Everything with inexpressible calmness repeated

Базаров.
Bazarov

Павел Петрович уставился на него. Он этого не ожидал,
Pavel Petrovitch started on him He this not expected

а Аркадий даже покраснел от удовольствия.
and Arkady even became red from satisfaction

— Однако позвольте, — заговорил Николай Петрович. —
However allow (me) spoke Nikolai Petrovitch

Вы все отрицаете, или, выражаясь точнее, вы все
You all deny or expressing more precisely you all

разрушаете... Да ведь надобно же и строить.
ruin Yes indeed (it) is necessary then also to build

— Это уже не наше дело… Сперва нужно место
This already not our matter First necessary (the) place

расчистить.
to clear

— Современное состояние народа этого требует, — с
(The) present condition (of) people this demands with

важностью прибавил Аркадий, — мы должны исполнять
seriousness added Arkady we must fulfill

эти требования, мы не имеем права предаваться
these demands we not have (the) right to indulge

удовлетворению личного эгоизма.
(in the) satisfaction (of) personal egoism

Эта последняя фраза, видимо, не понравилась Базарову;
This last phrase visibly not pleased (to) Bazarov

от нее веяло философией, то есть романтизмом,
from her wafted philosophy that is romanticism
(came a wave)

ибо Базаров и философию называл романтизмом; но он
since Bazarov also philosophy called romanticism but he

не почел за нужное опровергать своего молодого
not considered for necessary to refute his young

ученика.
pupil

— Нет, нет! — воскликнул с внезапным порывом Павел
No no exclaimed with sudden gust Pavel

Петрович, — я не хочу верить, что вы, господа, точно
Petrovitch   I not want to believe that you gentlemen as if

знаете русский народ, что вы представители его
(you) know (the) Russian people that you represent its

потребностей, его стремлений! Нет, русский народ не
needs its aspirations No (the) Russian people not

такой, каким вы его воображаете. Он свято чтит
such by what you him imagine It sacredly honors

предания, он — патриархальный, он не может жить
(the) legends it (is) patriarchal it not can live

без веры…
without faith

— Я не стану против этого спорить, — перебил Базаров,
I not stand against this argue interrupted Bazarov
(will not)

— я даже готов согласиться, что в этом вы правы.
I even am ready to agree that in this you (are) right

— А если я прав…
And if I am right

— И все-таки это ничего не доказывает.
And all-so this nothing not proves
(nonetheless)

— Именно ничего не доказывает, — повторил Аркадий
Exactly nothing not proves repeated Arkady

с уверенностию опытного шахматного игрока,
with (the) confidence (of an) experienced chess player

который предвидел опасный, по-видимому, ход
which foresaw dangerous visibly move

противника и потому нисколько не смутился.
(of the) opponent and therefore not a bit not was confused

— Как ничего не доказывает? — пробормотал изумленный
How nothing not (it) proves muttered amazed

Павел Петрович. — Стало быть, вы идете против своего
Pavel Petrovitch Stood to be you go against your own

народа?
people

— А хоть бы и так? — воскликнул Базаров.
And might as well would and so (what) exclaimed Bazarov

— Народ полагает, что когда гром гремит, это
(The) people believe that when thunder rumbles this (is)

Илья-пророк в колеснице по небу разъезжает.
Ilya the prophet (who) in (a) chariot through (the) sky travels

Что ж? Мне соглашаться с ним? Да притом — он
What then To me (is) to agree with him Yes besides he

русский, а разве я сам не русский.
Russian and perhaps I myself not Russian

— Нет, вы не русский после всего, что вы сейчас
No you not Russian after all that you now

сказали! Я вас за русского признать не могу.
said   I you for Russian   acknowledge not can

— Мой   дед   землю пахал, — с   надменною
My   grandfather (the) earth plowed   with   haughty
(his grandfather)

гордостию отвечал Базаров. — Спросите любого из ваших
pride   answered Bazarov   Ask   any from your

же мужиков, в ком из нас — в вас или во мне —
very peasants in whom from us   in you or in to me

он   скорее   признает   соотечественника. Вы   и
he sooner   admits   (a) compatriot   You also
         would recognize   indeed

говорить-то с ним не умеете.
to talk-then with them not (you) know how

— А   вы говорите с ним и презираете его в то
And you   speak   with him and despise him in that

же   время.
same   time

— Что ж, коли он заслуживает презрения! Вы порицаете
What then if he deserves   contempt You censure

мое направление, а кто вам сказал, что оно во мне
my   direction   and who to you said that it in me

случайно, что оно не вызвано   тем самым народным
(is) accidental that it not (is) caused by by that very   people's

духом, во имя   которого вы так ратуете?
spirit in (the) name which you so advocate

— Как же! Очень нужны нигилисты!
How then Very needed nihilists

— Нужны ли они или нет — не нам решать. Ведь
Needed whether they or not not to us to decide Indeed

и вы считаете себя не бесполезным.
also you count yourself not useless

— Господа, господа, пожалуйста, без личностей! —
Gentlemen gentlemen please without personal (attacks)

воскликнул Николай Петрович и приподнялся.
exclaimed Nikolai Petrovitch and rose himself

Павел Петрович улыбнулся и, положив руку на
Pavel Petrovitch smiled and laying (the) hand on

плечо брату, заставил его снова сесть.
(the) shoulder (of the) brother forced him again to sit down

— Не беспокойся, — промолвил он. — Я не позабудусь
Not worry uttered he I not forget
Don't

именно вследствие того чувства достоинства, над которым
precisely (the) result (of) that feeling (of) dignity over which

так жестоко трунит господин... господин доктор.
so harshly jokes (this) gentleman sir doctor

Позвольте, — продолжал он, обращаясь снова к Базарову,
Please continued he turning again to Bazarov

— вы, может быть, думаете, что ваше учение новость?
you may be think that your teaching (is) news

Напрасно вы это воображаете. Материализм, который вы
In vain   you this imagine   Materialism   which   you

проповедуете, был уже не раз в ходу и всегда
preach   was already not once in (the) go and always
                                          fashion

оказывался несостоятельным...
turned out to be   insolvent

— Опять иностранное слово! — перебил Базаров. Он
  Again   (a) foreign   word   interrupted Bazarov He

начинал злиться, и лицо его приняло какой-то медный
began to get angry and face his took   some   copper

и грубый цвет. — Во-первых, мы ничего не проповедуем;
and coarse color   Firstly   we nothing not   preach

это не в наших привычках...
this (is) not in our   habits

— Что же вы делаете?
  What then you do

— А вот что мы делаем. Прежде, в недавнее еще
  And here what we do   Before in recent still

время, мы говорили, что чиновники наши берут взятки, что
time we said   that officials ours take bribes that

у нас нет ни дорог, ни торговли, ни правильного суда...
with us no not roads not trades not   real   court
                                              (proper)

— Ну да, да, вы обличители, — так, кажется, это
  Well yes yes you detractors   so (it) seems this

называется. Со многими из ваших обличений и я
(is) called   With   many   from   your   denunciations   also   I

соглашаюсь, но...
agree   but

— А потом мы догадались, что болтать, все только
And then we guessed that to chat all only

болтать о наших язвах не стоит труда, что это ведет
to chat about our ulcers not stands work that this leads

только к пошлости и доктринерству; мы увидали, что и
only to platitudes and doctrinaire we saw that also

умники наши, так называемые передовые люди и
clever people (of) ours so called advanced people and

обличители, никуда не годятся, что мы занимаемся
detractors nowhere not are of use that we engage ourselves

вздором, толкуем о каком-то искусстве,
with nonsense interpret about some kind of art

бессознательном творчестве, о парламентаризме, об
unconscious creativity about parliamentarism about

адвокатуре и черт знает о чем, когда дело идет
(the law) bar and (the) devil knows about what when matter goes

о насущном хлебе, когда грубейшее суеверие нас
about urgent bread when gross superstition us

душит, когда все наши акционерные общества лопаются
breathes when all our joint-stock (of) society burst

единственно оттого, что оказывается недостаток в честных
only that is why that shows itself deficient in honest

людях, когда самая свобода, о которой хлопочет
people when (the) very freedom about which bustles about

правительство, едва ли пойдет нам впрок, потому
(the) government hardly whether goes to us in advance therefore

что мужик наш рад самого себя обокрасть,
that (a) peasant (of) ours (is) happy self (of) himself to steal

чтобы только напиться дурману в кабаке.
in order to only to get drunk (of) drugs in (a) pub

— Так, — перебил Павел Петрович, — так: вы во всем
So interrupted Pavel Petrovitch so you in all

этом убедились и решились сами ни за что
this convinced yourself and decided yourself not for what
with anything

серьезно не приниматься.
seriously not to engage yourself

— И решились ни за что не приниматься, —
And have decided not for that not to engage ourselves
with anything

угрюмо повторил Базаров.
sullenly repeated Bazarov

Ему вдруг стало досадно на самого себя, зачем он
To him suddenly became annoying to same himself why he

так распространился перед этим барином.
so   expatiated himself   before that   landlord

— А только ругаться?
  And only   to scold

— И ругаться.
  And to scold

— И это называется нигилизмом?
  And this (is) called   nihilism

— И это называется нигилизмом, — повторил опять
  And this (is) called   nihilism   repeated   again

Базаров, на этот раз с особенною дерзостью.
Bazarov   at this time with especial   audacity

Павел Петрович слегка прищурился.
Pavel   Petrovitch slightly squinted

— Так вот как! — промолвил он странно
  So here how (it is)   uttered   he (in a) strange

спокойным голосом. — Нигилизм всему горю помочь
calm   voice   Nihilism (the) whole grief help

должен, и вы, вы наши избавители и герои. Но за
must   and you you (are) our deliverers and heroes But for

что же вы других-то, хоть бы тех же
what then you others-these might as well would be those very

обличителей, честите? Не так же ли вы болтаете, как
detractors   honor Not so then whether you chatter   as

и   все?
also   all

— Чем   другим,   а   этим   грехом   не   грешны, —
With what   others   and   with what   sin   not   sinners

произнес   сквозь   зубы   Базаров.
pronounced   through   (the) teeth   Bazarov

— Так   что   ж?   вы   действуете,   что   ли?   Собираетесь
So   what   then   you   act   what   whether   Intend

действовать?
to act

Базаров   ничего   не   отвечал.   Павел   Петрович   так   и
Bazarov   nothing   not   answered   Pavel   Petrovitch   so   also

дрогнул,   но   тотчас   же   овладел   собою.
trembled   but   immediately   then   mastered   himself

— Гм!.. Действовать,   ломать... —   продолжал   он. —   Но   как
Hm   To act   to break   continued   he   But   how

же   это   ломать,   не   зная   даже   почему?
then   this   to break   not   knowing   even   why

— Мы   ломаем,   потому   что   мы   сила, —   заметил
We   break   therefore   that   we   (are a) force   noted

Аркадий.
Arkady

Павел   Петрович   посмотрел   на   своего   племянника   и
Pavel   Petrovitch   looked   at   his   nephew   and

усмехнулся.
smiled

— Да, сила — так и не дает отчета, — проговорил
Yes force so also not gives account spoke

Аркадий и выпрямился.
Arkady and straightened

— Несчастный! — возопил Павел Петрович; он
Unfortunate (one) howled Pavel Petrovitch he

решительно не был в состоянии крепиться долее, —
absolutely not was in state to support himself longer

хоть бы ты подумал, что в России ты
might as well would you thought that in Russia you

поддерживаешь твоею пошлою сентенцией! Нет, это может
support your vulgar maxim No this can

ангела из терпения вывести! Сила! И в диком
(an) angel from (the) patience take out Force And in (the) wild

калмыке, и в монголе есть сила — да на что нам
Kalmyk and in (the) Mongol is force yes on what to us
(people)

она? Нам дорога цивилизация, да-с, да-с, милостивый
she To us (the) road (of) civilization yes-sir yes-sir gracious

государь, нам дороги ее плоды. И не говорите
lord to us (the) roads (are) her fruits And not say

мне, что эти плоды ничтожны: последний пачкун, un
to me that these fruits (are) negligible (the) last slob a

barbouilleur, тапер, которому дают пять копеек за
poor painter / dauber / to whom / (they) give / five / kopecks / for

вечер, и те полезнее вас, потому что
(the) evening / and those indeed / (are) more useful / (than) you / therefore / that

они представители цивилизации, а не грубой
they / (are) representatives / (of) civilization / and / not / rough

монгольской силы! Вы воображаете себя передовыми
Mongolian / strength / You / imagine / yourself / cutting-edge

людьми, а вам только в калмыцкой кибитке сидеть!
people / and / to you / only / in / Kalmyk / kibitka (hut) / to sit

Сила! Да вспомните, наконец, господа сильные, что вас
Force / Yes / remember / finally / gentlemen / strong / that / you

всего четыре человека с половиною, а тех —
all / (are) four / man / with and a / half / and / those

миллионы, которые не позволят вам попирать ногами
millions / which / not / allow / you / to trample / (the) feet

свои священнейшие верования, которые раздавят вас!
(of) their / holiest / beliefs / which / crush / you

— Коли раздавят, туда и дорога, — промолвил Базаров.
If / (they) crush / there / also / (the) road / uttered / Bazarov

— Только бабушка еще надвое сказала. Нас не так
Only / grandmother / still / in two ambiguously / said / Us / not / so

мало, как вы полагаете.
little / as / you / believe

— Как? Вы не шутя думаете сладить, сладить с
How You not jokingly think to harmonize harmonize with

целым народом?
(the) whole people

— От копеечной свечи, вы знаете, Москва сгорела, —
From penny candles you know Moscow burned

ответил Базаров.
answered Bazarov

— Так, так. Сперва гордость почти сатанинская, потом
So so First pride almost satanic then

глумление. Вот, вот чем увлекается молодежь, вот
mockery Here here with what dabbles itself (the) youth here

чему покоряются неопытные сердца мальчишек! Вот,
what subdues itself inexperienced heart (of) little boys Here

поглядите, один из них рядом с вами сидит, ведь он
take a look one of them next with you sits indeed he

чуть не молится на вас, полюбуйтесь. (Аркадий отворотился
just not prays to you admires (you) Arkady turned away
almost

и нахмурился.) И эта зараза уже далеко
and frowned And this contagion already far

распространилась. Мне сказывали, что в Риме наши
spread To me (they) said that in Rome our

художники в Ватикан ни ногой. Рафаэля считают
artists in (the) Vatican not (a) foot (set) Raphael (they) consider

чуть не дураком, потому что это, мол, авторитет;
just not (a) fool therefore that this (one) pray (is an) authority
amost

а сами бессильны и бесплодны до гадости, а у
and yourself powerless and barren to nasties and with

самих фантазия дальше «Девушки у фонтана» не
(of the) same fantasy further Girls with (the) fountain not

хватает, хоть ты что! И написана-то девушка
suffices. might as well you that And written girl

прескверно. По-вашему, они молодцы, не правда
badly Your way they (are) young men not true

ли?
whether

— По-моему, — возразил Базаров. — Рафаэль гроша
According to me objected Bazarov Raphael (a) penny

медного не стоит, да и они не лучше его.
copper not stands yes also they not better him
is worth

— Браво! браво! Слушай, Аркадий… вот как должны
Bravo bravo Listen Arkady here how must

современные молодые люди выражаться! И как,
modern young people express themselves And how

подумаешь, им не идти за вами! Прежде молодым
(you) think them not to go for you Before (with the) young

людям приходилось учиться; не хотелось им прослыть за
people arrived to study not wanted them fame for
they happened

невежд, так они поневоле трудились. А теперь им
ignoramuses so they unwillingly worked And now them

стоит сказать: все на свете вздор! — и дело
stands to say everything in (the) world (is) nonsense and matter
the work

в шляпе. Молодые люди обрадовались. И в самом
in hat Young people rejoiced themselves And in (the) very
is finished

деле, прежде они просто были болваны, а теперь они
case before they simply were knuckleheads and now they

вдруг стали нигилисты.
suddenly became nihilists

— Вот и изменило вам хваленое чувство собственного
Here also changed to you (the) lauded feeling (of your) own

достоинства, — флегматически заметил Базаров, между тем
dignity phlegmatically noted Bazarov between that

как Аркадий весь вспыхнул и засверкал глазами. —
as Arkady all broke out and sparkled eyes
flashed on

Спор наш зашел слишком далеко... Кажется, лучше его
Dispute ours went too far (It) seems better him

прекратить. А я тогда буду готов согласиться с вами,
to end And I then will be ready to agree with you

— прибавил он, вставая, — когда вы представите мне
added he getting up when you present to me

хоть одно постановление в современном нашем быту,
even one ruling in modern our everyday life

в семейном или общественном, которое бы не вызывало
in familial or public which would not called up

полного и беспощадного отрицания.
complete and merciless denials

— Я вам миллионы таких постановлений представлю, —
I to you millions (of) such ordinances will introduce

воскликнул Павел Петрович, — миллионы! Да вот
exclaimed Pavel Petrovitch millions Yes here

хоть община, например.
might as well community for example

Холодная усмешка скривила губы Базарова.
Cold chuckle creased (the) lips (of) Bazarov

— Ну, насчет общины, — промолвил он, — поговорите
Well about communities uttered he talk

лучше с вашим братцем. Он теперь, кажется, изведал
better with your brother He now seems experienced

на деле, что такое община, круговая порука,
on (the) case that such (a) community (is a) circular responsibility

трезвость и тому подобные штучки.
(a) temperance and those sort of thingies

— Семья наконец, семья, так, как она существует у
Family finally family so as she exists with

наших крестьян! — закричал Павел Петрович.
our peasants shouted Pavel Petrovitch

— И этот вопрос, я полагаю, лучше для вас же самих
And this question I suppose (is) better for you then same

не разбирать в подробности. Вы, чай, слыхали о
not to dismantle in details You methinks hear about

снохачах? Послушайте меня, Павел Петрович, дайте
daughters-in-law Listen to me Pavel Petrovitch give

себе денька два сроку, сразу вы едва ли
yourself (a) little day (or) two period at once you hardly whether

что-нибудь найдете. Переберите все наши сословия да
something find Reassess all our estates yes

подумайте хорошенько над каждым, а мы пока с
think about it thoroughly over every and we while with

Аркадием будем...
Arkady will

— Надо всем глумиться, — подхватил Павел Петрович.
Necessary all to mock grabbed Pavel Petrovitch
joined in

— Нет, лягушек резать. Пойдем, Аркадий; до свидания,
No frogs to cut Let us go Arkady until (the next) visit

господа.
gentlemen

Оба приятеля вышли. Братья остались наедине и
Both friends went out (The) brothers remained alone and

сперва только посматривали друг на друга.
first only watched friend at (the) other
one

— Вот, — начал наконец Павел Петрович, — вот вам
Here began finally Pavel Petrovitch here to you

нынешняя молодежь! Вот они — наши наследники!
current youth Here they our heirs

— Наследники, — повторил с унылым вздохом Николай
Heirs repeated with (a) dull sigh Nikolai

Петрович. Он в течение всего спора сидел как на
Petrovitch He in (the) course of all argument sat as on

угольях и только украдкой болезненно взглядывал на
coals and only furtively feeling sick glanced at

Аркадия. — Знаешь, что я вспомнил, брат? Однажды я
Arkady (You) know what I remember brother Once I

с покойницей матушкой поссорился: она кричала, не
with (the) deceased little mother argued she shouted not
    our late

хотела меня слушать… Я наконец сказал ей, что вы, мол,
wanted me to listen to I finally said to her that you pray

меня понять не можете; мы, мол, принадлежим к двум
me understand not can we pray belong to two

различным поколениям. Она ужасно обиделась, а я
different generations She terribly got offended and I

подумал: что делать? Пилюля горька — а проглотить ее
thought what to do (A) pill bitter but to swallow her

нужно. Вот теперь настала наша очередь, и наши
(is) necessary Here now has come our turn and our

наследники могут сказать нам: вы мол, не нашего
heirs can say to us you pray not (of) our

поколения, глотайте пилюлю.
generations swallow (the) pill

— Ты уже чересчур благодушен и скромен, —
You already overly complacent and modest

возразил Павел Петрович, — я, напротив, уверен,
objected Pavel Petrovitch I on (the) contrary am convinced

что мы с тобой гораздо правее этих господчиков,
that we with you much more right than these gentlemen

хотя выражаемся, может быть, несколько устарелым
although (we) express ourselves may be (with) some obsolete

языком, vieilli, и не имеем той дерзкой
language outdated and not have that bold
(French)

самонадеянности... И такая надутая эта нынешняя
arrogance And so inflated this current

молодежь! Спросишь иного: какого вина вы хотите,
youth (you) ask (the) other what wine you want

красного или белого? «Я имею привычку предпочитать
red or white I have (a) habit to prefer

красное!» — отвечает он басом и с таким важным
red answers he (with a) bass and with such serious
in a deep voice

лицом, как будто вся вселенная глядит на него в это
face as if (the) entire universe looks at him in this

мгновение...
moment

— Вам больше чаю не угодно? — промолвила
To you more (of) tea not is convenient said

Фенечка, просунув голову в дверь: она не решалась
Fenechka slipping (the) head in (the) door she not resolved

войти в гостиную, пока в ней раздавались голоса
to enter in (the) drawing room while in her sounded voices

споривших.
(of) disputants

— Нет, ты можешь велеть самовар принять, — отвечал
No you can order (the) samovar to take answered

Николай Петрович и поднялся к ней навстречу. Павел
Nikolai Petrovitch and got up to her towards Pavel

Петрович отрывисто сказал ему: bon soir, и ушел к
Petrovitch abruptly said to him good evening and left to
(French)

себе в кабинет.
himself in (the) office

XI
Chapter 11

Полчаса	спустя	Николай	Петрович	отправился	в
Half an hour	later	Nikolai	Petrovitch	directed himself	in

сад,	в	свою	любимую	беседку.	На	него	нашли
(the) garden	in	his	favorite	gazebo	On He was	him	(they) found enveloped in

грустные	думы.	Впервые	он	ясно	сознал	свое
sad	thoughts	First	he	clearly	realized	his

разъединение	с	сыном;	он	предчувствовал,	что	с
disconnection	with	(his) son	he	sensed	that	with

каждым	днем	оно	будет	становиться	все	больше	и
every	day	it	will	become	all	more	and

больше.	Стало	быть,	напрасно	он,	бывало,	зимою	в
more	Became	to be	in vain	he	(it) occurred	(in) winter	in

Петербурге	по	целым	дням	просиживал	над
(saint) Petersburg	on	(the) whole	day	sat over	over

новейшими	сочинениями;	напрасно	прислушивался	к
(the) newest	writings	in vain	listened	to

разговорам	молодых	людей;	напрасно	радовался,	когда
conversations	(of) young	people	in vain	was glad	when

ему	удавалось	вставить	и	свое	слово	в	их	кипучие
to him	succeeded	to insert	also	his	word	in	their	simmering

речи. «Брат говорит, что мы правы, — думал он, —
speeches Brother says that we (are) right thought he

и, отложив всякое самолюбие в сторону, мне самому
and laying away all (the) self-esteem in side to me self
a-

кажется, что они дальше от истины, нежели мы, а в
(it) seems that they further from truths rather than we and in

то же время я чувствую, что за ними есть что-то,
that same time I felt that behind them is something

чего мы не имеем, какое-то преимущество над нами...
what we not have some-then advantage over us

Молодость? Нет: не одна только молодость. Не в том
Youth No not alone only youth Not in that

ли состоит это преимущество, что в них меньше
whether consists this advantage that in them less

следов барства, чем в нас?»
traces of barbarity with what in us
as

Николай Петрович потупил голову и провел
Nikolai Petrovitch lowered (the) head and before-led
put

рукой по лицу.
(with his) hand on (the) face
his hand before

«Но отвергать поэзию? — подумал он опять, — не
But reject poetry thought he again not

сочувствовать художеству, природе?..»
to sympathize (with) art nature

И он посмотрел кругом, как бы желая
And he looked around as would (he be) desiring

понять, как можно не сочувствовать природе.
to understand how (it's) possible not to sympathize (with) nature

Уже вечерело; солнце скрылось за небольшую
Already evening (the) sun disappeared behind (the) small

осиновую рощу, лежавшую в полверсте от сада:
aspen grove lying in half a quarter from (the) garden

тень от нее без конца тянулась через неподвижные
shadow from her without end stretched through (the) unmoving

поля. Мужичок ехал рысцой на белой лошадке по
fields (A) little peasant went (on a) trot on (a) white horse on

темной узкой дорожке вдоль самой рощи; он весь был
(the) dark small (little) path along (the) same grove he all was

ясно виден, весь, до заплаты на плече, даром
clearly visible all to (the) patches on (the) shoulder with a strike in a flash

что ехал в тени; приятно-отчетливо мелькали ноги
that went in (the) shadows nicely flashed (the) legs

лошадки. Солнечные лучи с своей стороны забирались
(of the) horses Solar rays from their side climbed

в рощу и, пробиваясь сквозь чащу, обливали
in (the) grove and breaking through through (the) thick doused

стволы осин таким теплым светом, что
(the) trunks (of the) aspen (with) such warm light that

они становились похожи на стволы сосен, а листва их
they became similar to trunks (of) pines and foliage theirs

почти синела и над нею поднималось бледно-голубое
almost became blue and over her went up (a) pale blue

небо, чуть обрумяненное зарей. Ласточки летали высоко;
sky just browned dusk (The) swallows flew high

ветер совсем замер; запоздалые пчелы лениво и
(the) wind entirely froze belated bees lazily and

сонливо жужжали в цветах сирени; мошки толклись
drowsily buzzed in flowers lilacs gnats jostled

столбом над одинокою, далеко протянутою веткою. «Как
(in a) cloud over (a) lonely far outstretched branch how

хорошо, Боже мой!» — подумал Николай Петрович, и
good God mine thought Nikolai Petrovitch and

любимые стихи пришли было ему на уста; он
beloved poems arrived was to him on (the) mouth he

вспомнил Аркадия, Stoff und Kraft — и умолк, но
recalled Arkady Stoff and Kraft and fell silent but

продолжал сидеть, продолжал предаваться горестной и
continued to sit continued to indulge (in a) sorrowful and

отрадной игре одиноких дум. Он любил помечтать;
cheerful game (of) lonely thoughts He loved to daydream

деревенская жизнь развила в нем эту способность.
(the) village life developed in him this ability

Давно ли он так же мечтал, поджидая сына на
Long ago whether he so then dreamed awaiting (the) son at

постоялом дворике, а с тех пор уже произошла
(the) postal courtyard and with those times already occurred
inn's

перемена, уже определились, тогда еще неясные,
(a) change already decided then still indistinct

отношения... и как! Представилась ему опять покойница
relations and how Presented itself to him again (the) deceased

жена, но не такою, какою он ее знал в течение
wife but not such which he her knew in (the) course

многих лет, не домовитою, доброю хозяйкою, а
(of) many years not homely good mistress but

молодою девушкой с тонким станом, невинно-пытливым
(a) young girl with (a) thin stature innocent
figure

взглядом и туго закрученною косой над детскою
glance and tightly twisted squint-eyed over childish

шейкой. Вспомнил он, как он увидал ее в первый раз. Он
neck Recalled he how he saw her in (the) first time He

был тогда еще студентом. Он встретил ее на лестнице
was then still student He met her on (the) stairs

квартиры, в которой он жил, и, нечаянно толкнув
(of the) apartment in which he lived and accidentally pushing

ее, обернулся, хотел извиниться и только мог
her turned himself wanted to apologize and only could

пробормотать: «Pardon, monsieur», — а она наклонила
mutter — Pardon monsieur — and she tilted
(French)

голову, усмехнулась и вдруг как будто испугалась и
(the) head chuckled and suddenly as if got a fright also

побежала, а на повороте лестницы быстро взглянула на
ran and on turning (of) stairs quickly looked at

него, приняла серьезный вид и покраснела. А потом
him took (a) serious view and reddened And then

первые робкие посещения, полуслова, полуулыбки, и
(the) first timid visits half-words half-smiles and

недоумение, и грусть, и порывы, и, наконец, эта
bewilderment and sadness and gusts and finally this

задыхающаяся радость... Куда это все умчалось? Она стала
suffocating happiness Where this all fled She became

его женой, он был счастлив, как немногие на земле...
his wife he was happy as few on (the) earth

«Но, — думал он, — те сладостные, первые мгновенья,
But thought he those sweet first moments

отчего бы не жить им вечною, неумирающею
why would not to live them eternally undying

жизнью?»
with your life

Он не старался уяснить самому себе свою мысль, но
He not tried to comprehend by himself self his thought but

он чувствовал, что ему хотелось удержать то блаженное
he felt that to him (he) wanted to hold this blissful

время чем-нибудь более сильным, нежели память; ему
time something more strong rather than memory to him

хотелось вновь осязать близость своей Марии, ощутить
(he) wanted again to touch (the) proximity (of) his Maria feel

ее теплоту и дыхание, и ему уже чудилось, как
her warmth and (her) breathing and to him already fancied as

будто над ним...
if over him

— Николай Петрович, — раздался вблизи его голос
Nikolai Petrovitch rang out near him (the) voice

Фенечки, — где вы?
(of) Fenechka where you

Он вздрогнул. Ему не стало ни больно, ни
He trembled To him not became neither painful nor

совестно... Он не допускал даже возможности
embarrassing He not allowed even (the) possibility

сравнения между женой и Фенечкой, но он
(of a) comparison between (the) wife and Fenechka but he

пожалел о том, что она вздумала его
started to feel sorry about that that she contemplated him

отыскивать. Ее голос разом напомнил ему: его седые
to seek out Her voice at once reminded to him his gray

волосы, его старость, его настоящее...
hair his old age his present

Волшебный мир, в который он уже вступал, который
(The) magic world in which he already entered which

уже возникал из туманных волн прошедшего,
already arose from (the) foggy waves (of the) past

шевельнулся — и исчез.
stirred and disappeared

— Я здесь, — отвечал он, — я приду, ступай. — «Вот
I here answered he I will come get down See

они, следы-то барства», — мелькнуло у него в
them (the) footprints (of the) gentry flashed with him in

голове. Фенечка молча заглянула к нему в беседку и
(the) head Fenechka silently looked at him in (the) gazebo and

скрылась, а он с изумлением заметил, что ночь
escaped and he with amazement noted that night

успела наступить с тех пор, как он замечтался. Все
managed to set in from those times as he daydreamed All

потемнело и затихло кругом, и лицо Фенечки
darkened and hushed around and (the) face (of) Fenechka

скользнуло перед ним, такое бледное и маленькое. Он
slipped before him so pale and small He

приподнялся и хотел возвратиться домой; но
rose and wanted to go back home but

размягченное сердце не могло успокоиться в его
softened (the) heart not possible to calm down in him

груди, и он стал медленно ходить по саду, то
(the) breast and he started slowly to walk on (the) garden then

задумчиво глядя себе под ноги, то поднимая
pensively looking himself under (the) legs then lifting

глаза к небу, где уже роились и перемигивались
(the) eyes to (the) sky where already swarmed and winked

звезды. Он ходил много, почти до усталости, а тревога
(the) stars He walked much almost to fatigue and (the) alarm

в нем, какая-то ищущая, неопределенная, печальная
in him some seeking indefinite melancholy

тревога, все не унималась. О, как Базаров посмеялся
(the) alarm all not lulled Oh how Bazarov laughed

бы над ним, если б он узнал, что в нем тогда
would over him if would he learned what in him then

происходило! Сам Аркадий осудил бы его. У него,
happened Himself Arkady condemned would him With him

у сорокачетырехлетнего человека, агронома и хозяина,
with forty-four years old man agronomist and boss

навертывались слезы, беспричинные слезы; это было во
appeared tears gratuitous tears this was in

сто раз хуже виолончели.
hundred times worse (than a) cello

Николай Петрович продолжал ходить и не мог решиться
Nikolai Petrovitch continued to walk and not could decide

войти в дом, в это мирное и уютное гнездо,
to enter in (the) house in this peaceful and cozy nest

которое так приветно глядело на него всеми своими
which so greetingly looked at him all (with) its

освещенными окнами; он не в силах был расстаться с
illuminated windows he not in forces was to separate from

темнотой, с садом, с ощущением свежего воздуха
(the) darkness from (the) garden from (the) feeling (of) fresh air

на лице и с этою грустию, с этою тревогой...
on (the) face and from this sadness from this anxiousness

На повороте дорожки встретился ему Павел Петрович.
On (the) turn (of the) path met to him Pavel Petrovitch
the way back

— Что с тобой? — спросил он Николая Петровича, —
What with you asked he Nicholas Petrovich

ты бледен, как привиденье; ты нездоров; отчего ты не
you pale as (a) ghost you unhealthy why you not

ложишься?
lie down

Николай Петрович объяснил ему в коротких словах свое
Nikolai Petrovitch explained to him in short words his

душевное состояние и удалился. Павел Петрович
heartfelt condition and distanced himself Pavel Petrovitch
went away

дошел до конца сада, и тоже задумался, и
reached to (the) end (of the) garden and also thought and

тоже поднял глаза к небу. Но в его прекрасных
also raised (the) eyes to (the) sky But in his beautiful

темных глазах не отразилось ничего, кроме света
dark eyes not reflected nothing besides (the) light

звезд. Он не был рожден романтиком, и не умела
(of the) stars He not was born (a) romantic and not skillful

мечтать его щегольски-сухая и страстная, на французский
to dream his dapper-dry and terrible on French

лад мизантропическая душа…
mode misanthropic soul

— Знаешь ли что? — говорил в ту же ночь
(Tou) know whether what said in that very night

Базаров Аркадию. — Мне в голову пришла великолепная
Bazarov Arkady To me in (the) head came (a) splendid

мысль. Твой отец сказывал сегодня, что он получил
thought Your father said today that he obtained

приглашение от этого вашего знатного родственника. Твой
(the) invitation from this your noble relative Your

отец не поедет; махнем-ка мы с тобой в ***; ведь этот
father not goes swap-then we with you in - indeed this

господин и тебя зовет. Вишь
gentleman also you calls See

какая сделалась здесь погода; а мы прокатимся, город
what became here weather and we take a ride (the) city

посмотрим. Поболтаемся дней пять-шесть, и баста!
let's see Hang out days five-six and basta
enough

— А оттуда ты вернешься сюда?
And from there you come back here

— Нет, надо к отцу проехать. Ты знаешь, он от ***
No necessary to father to ride You know he from ***

в тридцати верстах. Я его давно не видал, и мать
in thirty miles I him long ago not saw and mother

тоже; надо стариков потешить. Они у меня люди
also necessary (the) old people to indulge They with me people

хорошие, особенно отец: презабавный. Я же у них
good especially (the) father amusing I then with them

один.
one
the only one

— И долго ты у них пробудешь?
And long you with them stay

— Не думаю. Чай, скучно будет.
Not think Tea boring will be
I don't think so

— А к нам на возвратном пути заедешь?
And to us on (the) return roads drop by

— Не знаю… посмотрю. Ну, так, что ли? Мы
Not know (I) will see Well so what whether We

отправимся?
    let's go

— Пожалуй, — лениво заметил Аркадий.
    Perhaps   lazily   noted   Arkady

Он в душе очень обрадовался предложению своего
He in (his) soul very rejoiced suggestions of his

приятеля, но почел обязанностию скрыть свое чувство.
friend but considered (it his) duty to hide his feeling

Недаром же он был нигилист!
Not for nothing then he was nihilist

На другой день он уехал с Базаровым в ***. Молодежь
On other day he left with Bazarov in *** (The) youth
the next

в Марьине пожалела об их отъезде; Дуняша даже
in Marina grieved about their departure Dunyasha even

всплакнула... но старичкам вздохнулось легко.
cried but (the) old timers sighed lightly
relieved

XII
Chapter 12

Город   ***,   куда   отправились   наши   приятели,   состоял
(The) city (of) X where directed themselves our friends stood

в   ведении   губернатора   из   молодых,   прогрессиста
in   conduct   (of the) town mayor   from   (the) young   progressive
under leadership

и   деспота,   как   это   сплошь   да   рядом   случается   на
and   despot   how   this   quite often   yes   besides   happens   on
indeed

Руси.   Он,   в   течение   первого   года   своего   управления,
Russians   He   in   (the) course   (of the) first   year   (of) his   rule
(Kiyvan Rus)

успел   перессориться   не   только   с   губернским
managed   to squabble   not   only   with   (the) provincial

предводителем,   отставным   гвардии   штабс-ротмистром,
leader   (a) retired   (from the) guards   staff-captain

конным   заводчиком   и   хлебосолом,   но   и   с
(an) equestrian   breeder   and   hospitable person   but   also   with

собственными   чиновниками.   Возникшие   по   этому   поводу
(the) in-house   officials   (The) arisen   on   this   occasion

распри   приняли   наконец   такие   размеры,   что   министерство
discords   took on   finally   such   dimensions   that   (the) ministry

в   Петербурге   нашло
in   (saint) Petersburg   found

необходимым послать доверенное лицо с поручением
(it) necessary to send (a) trusted face from (the) commission

разобрать все на месте. Выбор начальства пал на
to disassemble all on place Choice (of the) authority fell on
of the authorities

Матвея Ильича Колязина, сына того Колязина, под
Matvey Ilyich Kolyazin (the) son (of) that Kolyazin under

попечительством которого находились некогда братья
(the) custody (of) whom found themselves once (the) brothers

Кирсановы. Он был тоже из «молодых», то есть ему
Kirsanov He was also from (the) young that is to him

недавно минуло сорок лет, но он уже метил в
recently passed forty years but he already aimed in

государственные люди и на каждой стороне груди
governmental people and on each side (of the) breast

носил по звезде. Одна, правда, была иностранная, из
wore -on- (a) star Only true (he) was foreign from

плохоньких. Подобно губернатору, которого он
(a) poor (background) Like (the) governor which he

приехал судить, он считался прогрессистом и, будучи
arrived to judge he counted himself progressive and being

уже тузом, не походил на большую часть тузов. Он
already (an) ace not looked on (the) largest part (of) aces He
a bigshot like most - bigshots

имел о себе самое высокое мнение; тщеславие его не
had about himself same high opinion vanity his not
the most

знало	границ,	но	он	держался	просто,	глядел
knew	limits	but	he	held himself	plainly	looked

одобрительно,	слушал	снисходительно	и	так	добродушно
approvingly	listened	condescendingly	and	so	good-naturedly

смеялся,	что	на	первых	порах	мог	даже	прослыть	за
laughed	that	on	the first	moments	could	even	pass	for

«чудного	малого».	В	важных	случаях	он	умел,	однако,
marvelous	small chap	In	important	cases	he	was capable	however

как	говорится,	задать	пыли.	«Энергия	необходима, —
as	one says	to settle	(the) dust	Energy	necessary

говаривал	он	тогда, —	l'énergie	est	la	première	qualité
said would say	he	then	the energy (French)	is	the	first	quality

d'un	homme	d'état»;	а	со	всем	тем	он	обыкновенно
of a	man	of state	but	with	all	that	he	usually

оставался	в	дураках	и	всякий	несколько	опытный
remained	in	fools	and	every	several	experienced

чиновник	садился	на	него	верхом.	Матвей	Ильич
officials	sat down himself	on	his	top	Matvey	Ilyich

отзывался	с	большим	уважением	о	Гизо	и
talked	with	large	respect	about	Guizot (French politician)	and

старался	внушить	всем	и	каждому,	что	он	не
tried	to inspire	all	and	each	that	he	not

принадлежит	к	числу	рутинеров	и	отсталых
belongs	to	(the) number	(of) routine people	and	retarded

бюрократов, что он не оставляет без внимания ни
bureaucrats that he not leaves without attention not

одного важного проявления общественной жизни... Все
one important manifestation (of) public life All

подобные слова были ему хорошо известны. Он даже
such words were to him well known He even

следил, правда, с небрежною величавостию, за
followed true with careless majesty -after-

развитием современной литературы: так взрослый
(the) development (of) contemporary literature such (a) grown up
like

человек, встретив на улице процессию мальчишек,
man after meeting on (the) street (a) procession (of) little boys

иногда присоединяется к ней. В сущности, Матвей Ильич
sometimes joins to her In essence Matvey Ilyich

недалеко ушел от тех государственных мужей
not far left from those public men

Александровского времени, которые, готовясь идти на
(of) Aexandrovsky's time who preparing to go on

вечер к г-же Свечиной, жившей тогда в
(an) evening to Miss Candle (having) lived then in

Петербурге, прочитывали поутру страницу из
(saint) Petersburg read (in the) morning (a) page from

Кондильяка; только приемы у него были другие, более
Condylaca only (the) tricks with him were others more
different

современные. Он был ловкий придворный, большой
modern   He   was   dexterous   courteous   big

хитрец и больше ничего; в делах толку не знал, ума не
trickster and more nothing in affairs sense not knew mind not

имел, а умел вести свои собственные дела: тут
had but was capable to lead his own business here

уж никто не мог его оседлать, а ведь это
already nobody not could him override and indeed this

главное.
(was the) main (thing)

Матвей Ильич принял Аркадия с свойственным
Matvey Ilyich received Arkady with (the) inherent

просвещенному сановнику добродушием, скажем более, с
enlightened dignitary good-naturedness let's say more with

игривостию. Он, однако, изумился, когда узнал, что
playfulness He however marveled when learned that

приглашенные им родственники остались в деревне.
(the) invited them relatives remained, in (the) village

«Чудак был твой папа всегда», — заметил он,
(A) strange fellow was your papa always noted he

побрасывая кистями своего великолепного бархатного
tossing brushes (of) his gorgeous velvet
  the tassels

шлафрока, и вдруг, обратясь к молодому
dressing gown and suddenly turning to (a) young
(German: Schlafrock)

чиновнику в благонамереннейше застегнутом вицмундире,
official in (a) well intentioned buttoned civil frock coat

воскликнул с озабоченным видом: «Чего?» Молодой
exclaimed with anxious look What (The) young

человек, у которого от продолжительного молчания
man with whom from prolonged silence

слиплись губы, приподнялся и с недоумением
stuck together (the) lips rose and with bewilderment

посмотрел на своего начальника. Но, озадачив
looked at his chief But puzzling

подчиненного, Матвей Ильич уже не обращал на него
(the) subordinate Matvey Ilyich already not turned on him

внимания. Сановники наши вообще любят озадачивать
(his) attention Dignitaries our generally love to puzzle

подчиненных; способы, к которым они прибегают для
(their) subordinates methods to which they run for

достижения этой цели, довольно разнообразны. Следующий
achievements of this goal (are) rather varied (The) following

способ, между прочим, в большом употреблении, «is
means between other (things) in large use is

quite a favorite», как говорят англичане: сановник вдруг
quite a favorite as say (the) English dignitary suddenly

перестает понимать самые простые слова, глухоту на
ceases to understand (the) most simple words deafness on

себя напускает. Он спросит, например: какой сегодня
himself imposes He will ask for example what today

день?
day

Ему почтительнейше докладывают: «Пятница сегодня, ваше
To him respectfully report Friday today your

с... с... с... ство».
with with with stem

— А? Что? Что такое? Что вы говорите? — напряженно
But What What such What you say tensely

повторяет сановник.
repeats (the) dignitary

— Сегодня пятница, ваше с... с... ство.
Today Friday your with with ство

— Как? Что? Что такое пятница? какая пятница?
How What What such Friday what Friday

— Пятница, ваше с... ссс... ссс... ство, день в неделе.
Friday your with sss sss ство day in week

— Ну-у, ты учить меня вздумал?
Well you to teach me decided

Матвей Ильич все-таки был сановник, хоть и считался
Matvey Ilyich all-so was dignitary even and (he) counted
if

либералом.
(as) liberal

— Я советую тебе, друг мой, съездить с визитом к
I advise to you friend mine to travel with (a) visit to

губернатору, — сказал он Аркадию, — ты понимаешь, я
(the) governor said he to Arkady you understand I

тебе это советую не потому, чтоб я придерживался
to you this advise not therefore in order that I adhered to

старинных понятий о необходимости ездить к
old concepts about (the) need to drive to

властям на поклон, а просто потому, что губернатор
(the) authorities on bow and simply therefore that (the) governor

порядочный человек; притом же ты, вероятно, желаешь
(is a) decent man besides then you probably want

познакомиться с здешним обществом… ведь ты не
to be introduced with (the) local community indeed you not

медведь, надеюсь? А он послезавтра дает большой бал.
(a) bear (I) hope And he after-tomorrow gives (a) big ball

— Вы будете на этом бале? — спросил Аркадий.
You will be on this ball asked Arkady

— Он для меня его дает, — проговорил Матвей Ильич
He for me him gives spoke Matvey Ilyich

почти с сожалением. — Ты танцуешь?
almost with regret You dance

— Танцую, только плохо.
(I) dance only bad

209

— Это напрасно. Здесь есть хорошенькие, да и молодому
This   in vain   Here   is   pretty ones   yes and (the) young

человеку стыдно не танцевать. Опять-таки я это говорю
man   ashamed not to dance   Again so   I this   say

не в   силу   старинных понятий; я   вовсе   не
not in (the) strength (of) old   concepts   I completely not

полагаю,   что   ум   должен   находиться   в   ногах,   но
suppose   that mind   must   be placed   in   feet   but

байронизм смешон, il a   fait son temps.
Byronism (is) ridiculous it has done its   time

— Да я, дядюшка,   вовсе   не из байронизма не…
Yes I   uncle   completely not from   Byronism   not

— Я познакомлю тебя с   здешними барынями, я беру
I   will introduce   you with   local   ladies   I take

тебя под свое крылышко, — перебил Матвей Ильич и
you under my   wing   interrupted Matvey Ilyich and

самодовольно засмеялся. — Тебе тепло будет, а?
smugly   laughed   To you warm will be and
                                                eh
Слуга   вошел   и   доложил   о   приезде   председателя
(A) servant entered and reported about (the) arrival (of the) chairman

казенной   палаты,   сладкоглазого   старика   с
(of the) treasury chamber (a) sweet-eyed   old man   with

сморщенными губами, который чрезвычайно любил
wrinkled   lips   who   extremely   loved

природу, особенно в летний день, когда, по его словам,
nature especially in (a) summer day when on his words

«каждая пчелочка с каждого цветочка берет взяточку…».
every little bee from each little flower carries a bribe

Аркадий удалился.
Arkady distanced himself

Он застал Базарова в трактире, где они остановились, и
He caught found Bazarov in (a) tavern where they stayed and

долго его уговаривал пойти к губернатору. «Нечего
long him was persuading to go to (the) governor (There's) nothing

делать! — сказал наконец Базаров. — Взялся за гуж
to do said finally Bazarov Appeared If you started for a (a) tug job

— не говори, что не дюж! Приехали смотреть
not don't say that not stalwart you finish it Arrived to look at

помещиков — давай их смотреть!» Губернатор принял
landowners let us them watch (The) governor received

молодых людей приветливо, но не посадил их и
(the) young people affable but not sat down them and

сам не сел. Он вечно суетился и спешил; с
himself not sat He always bustled about and hasted with

утра надевал тесный вицмундир и чрезвычайно
(the) morning put on (a) cramped uniform and extremely

тугой галстух, недоедал и недопивал,
tight tie (he) ate too little and didn't drink

все распоряжался. Его в губернии прозвали
everyone commanded Him in district (they) nicknamed

Бурдалу, намекая тем не на известного французского
Bourdaloue hinting with that not to (the) famous French

проповедника, а на бурду. Он пригласил Кирсанова и
preacher but to slop He invited Kirsanova and
dishwater

Базарова к себе на бал и через две минуты
Bazarov to himself on (the) ball and after two minutes

пригласил их вторично, считая их уже
invited them (for a) second (time) counting them already
considering

братьями и называя Кайсаровыми.
brothers and naming (them) (the) Kaisarovs

Они шли к себе домой от губернатора, как вдруг
They went to themselves home from (the) town mayor as suddenly

из проезжающих мимо дрожек выскочил человек
from passing by droshkie jumped out (a) man
(phaeton)

небольшого роста, в славянофильской венгерке, и с
(of) not large build in slavophile hungarian and with
slavic hussar jacket

криком: «Евгений Васильич!» — бросился к Базарову.
(a) shout Eugene Vasilych threw himself to Bazarov

— А! это вы, герр Ситников, — проговорил Базаров,
Ah this you Herr Sitnikov spoke Bazarov
(German)

продолжая шагать по тротуару, — какими судьбами?
continuing to stride on (the) pavement by what fates

— Вообразите, совершенно случайно, — отвечал тот и,
Imagine completely accidentally answered that one and

обернувшись к дрожкам, махнул раз пять рукой
turning around to (the) carriage waved times five (with his) hand
five times

и закричал: — Ступай за нами, ступай! У моего отца
and yelled Get down for us get down With my father

здесь дело, — продолжал он, перепрыгивая через
here (a) matter continued he jumping across
a business affair

канавку, — ну, так он меня просил… Я сегодня узнал
(the) gutter well so he me asked I today learned

о вашем приезде и уже был у вас…
about your arrival and already was with you
at your place

(Действительно, приятели, возвратясь к себе в
Really acquaintances returning to themselves in
Indeed our friends when returning home

номер, нашли там карточку с загнутыми углами
number (they) found there (the) card with bent angles
the apartment

и с именем Ситникова, на одной стороне
and with name Sitnikova on one side

по-французски, на другой — славянской вязью.) Я
in French on another slavic calligraphy I

надеюсь, вы не от губернатора?
hope you not from (the) town mayor

— Не надейтесь, мы прямо от него.
Not hope we directly from him

— А! в таком случае и я к нему пойду... Евгений
Ah in such case also I to him will go Eugene

Васильич, познакомьте меня с вашим... с ними...
Vasilich introduce me with your with them

— Ситников, Кирсанов, — проворчал, не останавливаясь,
Sitnikov Kirsanov grumbled not stopping

Базаров.
Bazarov

— Мне очень лестно, — начал Ситников, выступая
To me very flattering began Sitnikov speaking

боком, ухмыляясь и поспешно стаскивая свои уже
(from the) side smirking and in a hurry dragging his already

чересчур элегантные перчатки. — Я очень много слышал...
overly elegant gloves I very much heard

Я старинный знакомый Евгения Васильича и могу
I (am) (an) old acquaintance (of) Eugenia Vasilych and can

сказать — его ученик. Я ему обязан моим
say his disciple I to him am obliged my

перерождением...
rebirth

Аркадий посмотрел на базаровского ученика. Тревожное
Arkady looked at bazarovski pupil (The) disturbing

и тупое выражение сказывалось в маленьких, впрочем,
and dumb expression manifested in little however

приятных чертах его прилизанного лица; небольшие,
pleasant lines (of) his sleek face not large

словно вдавленные глаза глядели пристально и
as if depressed eyes watched fixedly and

беспокойно, и смеялся он беспокойно: каким-то коротким,
uneasily and laughed he uneasily some-then short
some sort of

деревянным смехом.
wooden laughter

— Поверите ли, — продолжал он, — что когда при
Believe whether continued he that when to
Believe it or not

мне Евгений Васильевич в первый раз сказал, что не
me Eugene Vasilyevich in (the) first time said that not

должно признавать авторитетов, я почувствовал такой
must recognize authorities I felt such

восторг… словно прозрел! «Вот, — подумал я, — наконец
excitement as if epiphany see thought I finally

нашел я человека!» Кстати, Евгений Васильевич, вам
found I (a) human being By the way Eugene Vasilyevich to you

непременно надобно сходить к одной здешней даме,
without fail (it) is necessary to call to one local lady
to visit

которая совершенно в состоянии понять вас и для
which completely in state to understand you and for

которой ваше посещение будет настоящим праздником; вы,
which your visit will be hereby (a) holiday you

я думаю, слыхали о ней?
I think heard about her

— Кто такая? — произнес нехотя Базаров.
Who such pronounced unwillingly Bazarov
reluctantly

— Кукшина, Eudoxie, Евдоксия Кукшина. Это замечательная
Kukshina Eudoxie Eudoxia Kukshina This remarkable

натура, emancipee в истинном смысле слова,
nature emancipee in (the) true thought (of the) word
character meaning

передовая женщина. Знаете ли что? Пойдемте
(is a) progressive woman Know whether what Let's go

теперь к ней все вместе. Она живет отсюда в двух
now to her all together She lives from here in two

шагах. Мы там позавтракаем. Ведь вы еще не
steps We there have breakfast Indeed you yet not

завтракали?
breakfasted

— Нет еще.
Not yet

— Ну и прекрасно. Она, вы понимаете, разъехалась
Now also beautiful She you understand divorced

с мужем, ни от кого не зависит.
from (her) husband not from whom not depends

— Хорошенькая она? — перебил Базаров.
Pretty she interrupted Bazarov

— Н... нет, этого нельзя сказать.
N   no   this   impossible   to say

— Так для какого же дьявола вы нас к ней зовете?
So for what then devil you us to her call

— Ну, шутник, шутник... Она нам бутылку шампанского
Well joker joker   She to us (the) bottle champagne

поставит.
will place

— Вот как! Сейчас виден практический человек. Кстати,
Here as   Now visible (a) practical   man   By the way

ваш батюшка все по откупам?
your father all on payoffs

— По откупам, — торопливо проговорил Ситников и
On payoffs   hurriedly   spoke   Sitnikovs and

визгливо засмеялся. — Что же? идет?
shrilly   laughed   What then goes

— Не знаю, право.
Not (I) know   right

— Ты хотел людей смотреть, ступай, — заметил
You wanted people to look at get down   noted

вполголоса Аркадий.
in half voice   Arkady
(in a low voice)

— А вы-то что ж, господин Кирсанов? — подхватил
And you what then gentleman Kirsanov   grabbed

Ситников. — Пожалуйте и вы, без вас нельзя.
Sitnikovs Please also you without you impossible

— Да как же это мы все разом нагрянем?
Yes how then this we all at once swoop in

— Ничего! Кукшина — человек чудный.
Nothing Kukshina person wonderful

— Бутылка шампанского будет? — спросил Базаров.
Bottle (of) champagne will be asked Bazarov

— Три! — воскликнул Ситников. — За это я ручаюсь!
Three exclaimed Sitnikovs For this I vouch

— Чем?
With what

— Собственною головою.
My own head

— Лучше бы мошною батюшки. А впрочем,
Better would be (the) purse (of your) father And however

пойдем.
let us go

XIII
Chapter 13

Небольшой дворянский домик на московский манер, в
(The) small noble's little house in Moscow manner in fashion

котором проживала Авдотья Никитишна (или Евдоксия)
which resided Avdotya Nikitishna or Eudoxia

Кукшина, находился в одной из нововыгоревших улиц
Kukshina was located in one of (the) newly burned streets

города ***; известно, что наши губернские города горят
(of the) town ***; (it) is known that our provincial towns burn

через каждые пять лет. У дверей, над криво
after every five years At (the) doors over (a) crooked

прибитою визитною карточкой, виднелась ручка
nailed visiting's business card was visible (the) handle

колокольчика, и в передней встретила пришедших
(of the) bell and in (the) hall met (the) coming in (people)

какая-то не то служанка, не то компаньонка в чепце
some-then not then (a) servant not then (a) companion in cap

— явные признаки прогрессивных стремлений хозяйки.
explicit signs (of the) progressive aspirations (of the) owners

Ситников спросил, дома ли Авдотья Никитишна?
Sitnikov asked at home whether Avdotya Nikitishna

— Это   вы,   Victor? — раздался   тонкий   голос   из
(Is) this you   Victor   rang out   (a) thin voice from

соседней комнаты. — Войдите.
(the) next room   Enter

Женщина   в чепце тотчас   исчезла.
(The) woman in cap   immediately disappeared

— Я   не   один, — промолвил Ситников, лихо
I (am) not alone   uttered   Sitnikov   feverishly

скидывая   свою венгерку,   под   которою оказалось   нечто
throwing off his   Hungarian   under which   turned out   not-what
                    hussar jacket   some

вроде   поддевки   или пальто-сака, и   бросая   бойкий
kind of   undergarments   or   sack coat   and throwing   (a) glib

взгляд   Аркадию   и   Базарову.
glance   (at) Arkady and Bazarov

— Все   равно, — отвечал   голос. — Entrez.
All (the) same   answered (the) voice   Enter
                                                 (French)

Молодые   люди   вошли.   Комната,   в   которой они
(The) young   people entered (The) room in which   they

очутились,   походила скорее   на   рабочий   кабинет, чем
found themselves   looked   sooner   like (a) worker's office   than

на   гостиную.   Бумаги, письма, толстые нумера   русских
like (a) living room Papers   letters thick   numbers   Russian

журналов, большею   частью неразрезанные, валялись   по
journals   (for a) large part   uncut   were scattered   on

запыленным столам; везде белели разбросанные окурки
dusty desks everywhere whitened scattered butts

папирос. На кожаном диване полулежала дама, еще
(of) cigarettes On (the) leather sofa semi-reclined (a) lady still

молодая, белокурая, несколько растрепанная, в шелковом,
young blonde a little crumpled in (a) silk

не совсем опрятном, платье, с крупными браслетами на
not entirely tidy dress with large bracelets on

коротеньких руках и кружевною косынкой на голове.
short arms and (a) lace headscarf on (the) head

Она встала с дивана и, небрежно натягивая себе на
She got up from (the) sofa and carelessly pulling herself on

плечи бархатную шубку на пожелтелом горностаевом
(the) shoulders (a) velvet coat on yellow ermine

меху, лениво промолвила: «Здравствуйте, Victor», — и
fur lazily said Greetings Victor and

пожала Ситникову руку.
shook Sitnikov (the) hand

— Базаров, Кирсанов, — проговорил он отрывисто, в
Bazarov Kirsanov spoke he abruptly in

подражание Базарову.
imitation (to) Bazarov

— Милости просим, — отвечала Кукшина и, уставив на
Kindness (we) ask answered Kukshina and setting at

Базарова свои круглые глаза, между которыми сиротливо
Bazarov her round eyes between which orphaned

краснел крошечный вздернутый носик, прибавила: — Я
blushed (a) tiny upturned little nose added I

вас знаю, — и пожала ему руку тоже.
you know and shook to him (the) hand also

Базаров поморщился. В маленькой и невзрачной фигурке
Bazarov winced In (the) small and unsightly little figure

эмансипированной женщины не было ничего безобразного;
(of the) emancipated woman not was nothing ugly

но выражение ее лица неприятно действовало на
but (the) expression (of her) face unpleasantly acted on

зрителя. Невольно хотелось спросить у ней: «Что ты,
(the) viewer Involuntarily (he) wanted to ask of her What you

голодна? Или скучаешь? Или робеешь? Чего ты
hungry Or are (you) bored Or timid What you

пружишься?» И у ней, как у Ситникова, вечно
triggered And with her as with Sitnikova always

скребло на душе. Она говорила и двигалась очень
scraped on (the) soul She talked and moved very

развязно и в то же время неловко: она, очевидно,
cheekily and in this then time awkwardly she obviously

сама себя считала за добродушное и простое
self herself counted for (a) good-natured and simple

существо, и между тем что бы она ни делала,
creature and between that what(ever) would she not did

вам постоянно казалось, что она именно это-то и не
to you constantly (it) seemed that she exactly this then also not

хотела сделать; все у ней выходило, как дети говорят
wanted to do all with her went out as children say

— нарочно, то есть не просто, не естественно.
purposely that is not simple not natural

— Да, да, я знаю вас, Базаров, — повторила она. (За ней
Yes yes I know you Bazarov repeated she For her

водилась привычка, свойственная многим провинциальным
drove (the) custom peculiar to many provincial

и московским дамам, — с первого дня знакомства
and (from) Moscow ladies from (the) first days acquaintance

звать мужчин по фамилии.) — Хотите сигару?
to call men on (the) surname (You) want (a) cigarette

— Сигарку сигаркой, — подхватил Ситников, который
(A) cigar cigar picked up Sitnikov who
joined in

успел развалиться в креслах и задрать ногу кверху,
managed to collapse in armchairs and nip (the) foot upwards
an armchair

— а дайте-ка нам позавтракать, мы голодны ужасно; да
and let please us have breakfast we (are) hungry terrible yes

велите нам воздвигнуть бутылочку шампанского.
order to us to raise (a) bottle champagne

— Сибарит, — промолвила Евдоксия и засмеялась.
Sybarite said Eudoxia and started laughing

(Когда она смеялась, ее верхняя десна обнажалась над
When she laughed her upper gum exposed over

зубами.) — Не правда ли, Базаров, он сибарит?
(the) teeth Not true whether Bazarov he sybarite

— Я люблю комфорт жизни, — произнес с
I love (the) comfort (of) life pronounced with

важностию Ситников. — Это не мешает мне быть
importance Sitnikov This not disturbs me to be

либералом.
(a) liberal

— Нет, это мешает, мешает! — воскликнула Евдоксия и
No this disturbs disturbs exclaimed Eudoxia and

приказала, однако, своей прислужнице распорядиться и
ordered however her maid to arrange both

насчет завтрака, и насчет шампанского. — Как
concerning (the) breakfast and concerning (the) champagne How

вы об этом думаете? — прибавила она, обращаясь к
you about this think added she turning to

Базарову. — Я уверена, вы разделяете мое мнение.
Bazarov I am convinced you share my opinion

— Ну нет, — возразил Базаров, — кусок мяса
Well no objected Bazarov (a) piece (of) meat

лучше	куска	хлеба	даже	с	химической	точки
(is) better than	(a) piece	(of) bread	even	from	chemical	points

зрения.
(of) view

— А	вы	занимаетесь	химией?	Это	моя	страсть.	Я	даже
And	you	practice	chemistry	This (is)	my	passion	I	even

сама	выдумала	одну	мастику.
self	made up	one	mastic

— Мастику?	вы?
Mastic	you

— Да,	я.	И	знаете	ли,	с	какою	целью?	Куклы
Yes	I	And	know (you)	maybe	with	which	purpose	Dolls

делать,	головки,	чтобы	не	ломались.	Я	ведь	тоже
to make	heads	in order that	not	(they) broke they break	I	indeed	also

практическая.	Но	все	это	еще	не	готово.	Нужно	еще
(am) practical	But	all	this	still	not	(is) ready	Necessary	still

Либиха	почитать.	Кстати	читали	вы	статью	Кислякова
Libiha	to read	By the way	read	you	(the) article	(of) Kislyakova

о	женском	труде	в	«Московских ведомостях»?	Прочтите,
about	female	labor	in	Moscow's gazette	Read

пожалуйста.	Ведь	вас	интересует	женский	вопрос?	И
please	Indeed	you	interests	(the) female	question	And

школы	тоже?	Чем	ваш	приятель
schools	also	What	your	friend

225

занимается?   Как его зовут?
busies himself with How him (they) call

Госпожа Кукшина роняла свои вопросы один за другим
Mrs Kukshina dropped her questions one after (the) other

с изнеженной небрежностию, не дожидаясь ответов;
with pampered negligence not waiting for answers

избалованные дети так говорят со своими няньками.
spoiled children so (they) talk with their nannies

— Меня зовут Аркадий Николаич Кирсанов, —
Me (they) call Arkady Nikolaich Kirsanov

проговорил Аркадий, — и я ничем не занимаюсь.
spoke Arkady and I with nothing not am engaged
am busy

Евдоксия захохотала.
Eudoxia burst into laughing

— Вот это мило! Что, вы не курите? Виктор, вы
Here this (is) sweet What you don't smoke Victor you

знаете, я на вас сердита.
know I on you (am) angry

— За что?
For what

— Вы, говорят, опять стали хвалить Жорж Санда. Отсталая
You (they) say again started to praise George Sand (A) retarded

женщина и больше ничего! Как возможно сравнить ее
woman and more nothing How possible to compare her

с Эмерсоном! Она никаких идей не имеет ни о
with Emerson She no ideas not has not about

воспитании, ни о физиологии, ни о чем. Она, я
education not about physiologies not about what She I

уверена, и не слыхивала об эмбриологии, а в
am convinced also not heard about embryology and in

наше время — как вы хотите без этого? (Евдоксия даже
our time how you want without this Eudoxia even

руки расставила.) Ах, какую удивительную статью по
(the) hands moved apart Ah which marvelous article on

этому поводу написал Елисевич! Это гениальный господин!
this occasion wrote Jelisevic This genius gentleman

(Евдоксия постоянно употребляла слово «господин»
Eudoxia constantly consumed (the) word gentleman

вместо человек.) Базаров, сядьте возле меня на диван.
instead of man Bazarov sit down near me on (the) couch

Вы, может быть, не знаете, я ужасно вас боюсь.
You may be not know I terribly of you am afraid

— Это почему? Позвольте полюбопытствовать.
This why Allow (me) to be curious

— Вы опасный господин; вы такой критик. Ах,
You (are) (a) dangerous gentleman you (are) such (a) critic Ah

Боже мой! мне смешно, я говорю, как какая-нибудь
god mine to me funny I say as any

степная помещица. Впрочем, я действительно помещица. Я
steppe landlady However I really (am a) landlady I

сама имением управляю, и, представьте, у меня
by myself (the) estate manage and (you) imagine with me

староста Ерофей — удивительный тип, точно Патфайндер
headman Herotheus wonderful type as if Pathfinder

Купера: что-то такое в нем непосредственное! Я
Cooper something such in him immediate I

окончательно поселилась здесь; несносный город, не
definitively settled here obnoxious (the) city not

правда ли? Но что делать!
true whether But what to do

— Город как город, — хладнокровно заметил Базаров.
(The) city (is) as (the) city cold-blooded noted Bazarov

— Все такие мелкие интересы, вот что ужасно! Прежде я
All such small interests here what terrible Before I
how

по зимам жила в Москве… но теперь там обитает мой
on winters lived in Moscow but now there dwells my
in the

благоверный, мсье Кукшин. Да и Москва теперь…
pious monsieur Kukshin Yes and Moscow now

уж я не знаю — тоже уж не то. Я думаю
already I not know also already not then I think

съездить   за   границу;   я   в   прошлом   году   уже   совсем
to travel   for   (the) border   I   in   (the) past   year   already   entirely
abroad

было собралась.
was   got ready

— В Париж,   разумеется?   — спросил Базаров.
In   Paris   (one can) understand   asked   Bazarov

— В Париж и в Гейдельберг.
In   Paris   and in   Heidelberg

— Зачем в Гейдельберг?
Why   in   Heidelberg

— Помилуйте, там Бунзен!
Have mercy   there (is) Bunsen

На это Базаров ничего не нашелся ответить.
On this Bazarov nothing not   found   to answer

— Pierre Сапожников… вы его знаете?
Pierre   Shoemakers   you him   know

— Нет, не знаю.
No   not   know

— Помилуйте, Pierre Сапожников… он еще   всегда   у
Have mercy   Pierre   Shoemakers   he   still   always   with

Лидии Хостатовой бывает.
Lydia   Hostatov   occurs
is

— Я и ее не знаю.
I   also her not   know

— Ну, вот он взялся меня проводить. Слава Богу, я
Well here he appeared me to lead (out) Glory (to) god I

свободна, у меня нет детей... Что это я сказала: слава
(am) free with me no children That this I said glory

Богу! Впрочем, это все равно.
(to) god However this all (the) same

Евдоксия свернула папироску своими побуревшими от
Eudoxia cut down (a) cigarette (from) her browned from

табаку пальцами, провела по ней языком, пососала ее и
tobacco fingers led to her tongue sucked her and

закурила. Вошла прислужница с подносом.
smoked Entered (the) maid with (a) tray

— А, вот и завтрак! Хотите закусить? Виктор,
And here also breakfast (You) want to snack Victor

откупорьте бутылку; это по вашей части.
uncork (the) bottle this on your part

— По моей, по моей, — пробормотал Ситников и опять
On mine on mine muttered Sitnikov and again

визгливо засмеялся.
shrilly laughed

— Есть здесь хорошенькие женщины? — спросил Базаров,
Are here pretty women asked Bazarov

допивая третью рюмку.
finishing (the) third shot glass

— Есть, — отвечала Евдоксия, — да все они такие
(There) are answered Eudoxia yes all they so

пустые. Например, mon amie Одинцова — недурна.
empty For example my female friend (French) Odintsova not bad

Жаль, что репутация у ней какая-то… Впрочем, это
Pity that reputation with her (is) somewhat… However this

бы ничего, но никакой свободы воззрения, никакой
would be nothing but any freedom (of) views any

ширины, ничего… этого. Всю систему воспитания
widths nothing this (The) whole system (of) upbringing

надобно переменить. Я об этом уже думала; наши
(it) is necessary to change I about this already thought our

женщины очень дурно воспитаны.
women (are) very badly educated

— Ничего вы с ними не сделаете, — подхватил
Nothing you with them not (you) will make picked up / joined in

Ситников. — Их следует презирать, и я их презираю,
Sitnikov Them (it) follows / one should despise and I them despise

вполне и совершенно! (Возможность презирать и
completely and completely (The) possibility to despise and

выражать свое презрение было самым приятным
to express ones contempt was (the) most pleasant

ощущением для Ситникова; он в особенности
feeling for Sitnikova he in especially

нападал	на	женщин,	не	подозревая	того,	что	ему
attacked	-on-	women	not	suspecting	that	what	to him

предстояло,	несколько	месяцев	спустя,	пресмыкаться	перед
before-stood was expected	several	months	later	to grovel	before

своей	женой	потому	только,	что	она	была	урожденная
his	wife	therefore	only	that	she	was	born

княжна	Дурдолеосова.)	Ни	одна	из	них	не	была	бы	в
princess	Durdoleosova	Not	one	of	them	not	was	would would be	in

состоянии	понять	нашу	беседу;	ни	одна	из	них	не
state	to understand	our	conversation	not	one	of	them	not

стоит	того,	чтобы	мы,	серьезные	мужчины,	говорили
is worth	this	in order that	we	serious	men	talked

о	ней!
about	her

— Да	им	совсем	не	нужно	понимать	нашу	беседу,
Yes	them	entirely	not	necessary	to understand	our	conversation

— промолвил	Базаров.
uttered	Bazarov

— О	ком	вы	говорите?	— вмешалась	Евдоксия.
About	whom	(do) you	speak	intervened	Eudoxia

— О	хорошеньких	женщинах.
About	pretty	women

— Как!	Вы,	стало	быть,	разделяете	мнение	Прудона?
How	You	became	to be	share	(the) opinion	(of) Prudon

Базаров надменно выпрямился.
Bazarov   arrogantly   straightened himself

— Я ничьих мнений не разделяю: я имею свои.
I nobody's opinions not share   I have mine

— Долой авторитеты! — закричал Ситников,
Down (with the) authorities   yelled   Sitnikov

обрадовавшись случаю резко выразиться в присутствии
rejoicing (the) case to sharply express himself in (the) presence

человека, перед которым раболепствовал.
(of a) man before whom   (he) slaved

— Но сам Маколей, — начала было Кукшина.
But himself Macaulay   began   was   Kukshina

— Долой Маколея! — загремел Ситников. — Вы
Down Macaulay   rattled   Sitnikov   You

заступаетесь за этих бабенок?
intercede for these broads

— Не за бабенок, а за права женщин, которые я
Not for broads but for (the) right women which I

поклялась защищать до последней капли крови.
swore to defend to (the) last drops (of) blood

— Долой! — Но тут Ситников остановился. — Да я их
Down   But here Sitnikov stopped   Yes I them

не отрицаю, — промолвил он.
not deny   uttered he

— Нет, я вижу, вы славянофил!
No I see you slavophile

— Нет, я не славянофил, хотя, конечно…
No I not slavophile although of course

— Нет, нет, нет! Вы славянофил. Вы последователь
No no no You slavophile You follower

Домостроя. Вам бы плетку в руки!
(of) Homestead To you would whip in (the) hands

— Плетка дело доброе, — заметил Базаров, — только
Whip (is a) matter good noted Bazarov only

мы вот добрались до последней капли…
we here made it to (the) last drops

— Чего? — перебила Евдоксия.
What interrupted Eudoxia

— Шампанского, почтеннейшая Авдотья Никитишна,
Champagne most honorable Avdotya Nikitishna

шампанского — не вашей крови.
champagne not your blood

— Я не могу слышать равнодушно, когда нападают на
I not can hear indifferently when (they) attack on

женщин, — продолжала Евдоксия. — Это ужасно, ужасно.
women continued Eudoxia This (is) terrible terrible

Вместо того чтобы нападать на них, прочтите лучше
Instead of that in order to to attack -on- them read better

книгу Мишле De l'amour. Это чудо! Господа, будемте
book Mishle Of the love This (is a) miracle Gentlemen be

говорить о любви, — прибавила Евдоксия, томно
to talk about love added Eudoxia languidly

уронив руку на смятую подушку дивана.
dropped (the) hand on (a) crumpled pillow (of the) sofa

Наступило внезапное молчание.
Arrived (a) sudden silence

— Нет, зачем говорить о любви, — промолвил Базаров,
No why to talk about love uttered Bazarov

— а вот вы упомянули об Одинцовой… Так, кажется,
and here you mentioned about Odinetsova So (it) seems

вы ее назвали? Кто эта барыня?
you her named Who (is) this lady

— Прелесть! прелесть! — запищал Ситников. — Я вас
(A) delight (a) delight squealed Sitnikov I you

представлю. Умница, богачка, вдова. К сожалению, она
will introduce Clever girl rich girl widow To regret she

еще не довольно развита: ей бы надо с нашею
still (is) not enough developed her would necessary with our

Евдоксией поближе познакомиться. Пью ваше здоровье,
Eudoxia closer to be introduced (I) drink to your health

Eudoxie! Чокнемтесь! «Et toc, et toc, et tin-tin-tin! Et
Eudoxie Knock yourselves out et toc and toc and tin-tin-tin And

toc, et toc, et tin-tin-tin!!».
toc and toc and tin-tin-tin-tin

— Victor, вы шалун.
   Victor you rascal

Завтрак продолжался долго. За первою бутылкой
Breakfast continued long After (the) first bottle

шампанского последовала другая, третья и даже
(of) champagne followed another (a) third and even

четвертая… Евдоксия болтала без умолку; Ситников ей
(a) fourth Eudoxia chattered without stopping Sitnikov her

вторил. Много толковали они о том, что такое брак
echoed Much interpreted they about that what such marriage

— предрассудок или преступление, и какие родятся люди
   prejudice or crime and what are born people

— одинаковые или нет? и в чем собственно состоит
   identical or not and in what strictly consists

индивидуальность? Дело дошло, наконец, до того, что
individuality Matter (it) reached finally to that that

Евдоксия, вся красная от выпитого вина и стуча
Eudoxia entirely red from (the) drunk wine also knocking

плоскими ногтями по клавишам расстроенного фортепьяно,
flat nails on keys upset (the) piano

принялась петь сиплым голосом сперва цыганские
started to sing (with) hoarse voice first gypsy

песни,	потом	романс		Сеймур-Шиффа	«Дремлет
songs	then	(a) romance (song)		Seymour-schiff	Slumbers

сонная	Гранада»,	а	Ситников	повязал	голову	шарфом
(the) sleepy	Granada	and	Sitnikov	tied up	(the) head	scarf

и	представлял	замиравшего	любовника	при	словах:
and	presented	(the) dying	lover	with	words

И	уста	твои	с	моими
And	(the) mouth	yours	with	mine

В	поцелуй	горячий	слить.
In	kiss	hot	to drain

Аркадий	не	вытерпел	наконец.	«Господа,	уж	это
Arkady	not	endured	finally	Gentlemen	already	this

что-то	на	бедлам	похоже	стало», —	заметил	он	вслух.
something	on	bedlam	similar	became	noted	he	aloud

Базаров,	который	лишь	изредка	вставлял	в	разговор
Bazarov	who	just	occasionally	inserted	in	(the) conversation

насмешливое	слово,	—	он	занимался	больше
(some) mocking	word		he	was occupied	more

шампанским,	—	громко	зевнул,	встал	и,	не
(by the) champagne		loudly	yawned	got up	and	not

прощаясь	с	хозяйкой,	вышел	вон	вместе	с
saying goodbye parting	with	(the) mistress	left	there	together	with

Аркадием.	Ситников	выскочил	вслед	за	ними.
Arkady	Sitnikov	jumped out	following	after	them

— Ну что, ну что? — спрашивал он, подобострастно
Well what well what asked he subserviently

забегая то справа, то слева, — ведь я говорил
starting to run then right then left indeed I said

вам: замечательная личность. Вот каких бы нам женщин
to you remarkable personality Here what would to us women

побольше! Она, в своем роде, высоконравственное
more She in her kind (a) highly moral

явление.
phenomenon

— А это заведение твоего отца тоже нравственное
And this establishment of your father also (a) moral

явление? — промолвил Базаров, ткнув пальцем на
phenomenon uttered Bazarov poking (with the) finger at

кабак, мимо которого они в это мгновение проходили.
(the) tavern by which they in this moment went by

Ситников опять засмеялся с визгом. Он очень стыдился
Sitnikov again laughed with (a) squeal He very was ashamed

своего происхождения и не знал, чувствовать ли
of his origin and not knew to feel whether

ему себя польщенным или обиженным от неожиданного
to him self flattered or offended from (the) unexpected

тыканья Базарова.
poking (of) Bazarov

XIV
Chapter 14

Несколько дней спустя состоялся бал у губернатора.
Several days later took place (a) ball at (the) town mayor

Матвей Ильич был настоящим «героем праздника»,
Matvey Ilyich was (the) present hero of the holiday

губернский предводитель объявлял всем и каждому, что
(the) provincial leader announced all and each one that

он приехал, собственно, из уважения к нему, а
he arrived strictly from respect to him and

губернатор даже и на бале, даже оставаясь
(the) governor even also on (the) ball even remaining

неподвижным, продолжал «распоряжаться». Мягкость в
stationary continued to decree Softness in

обращении Матвея Ильича могла равняться только с
attention (of Matvey) Ilyich could equate only with

его величавостью. Он ласкал всех — одних с оттенком
his grandeur He caressed all ones with nuance
some

гадливости, других с оттенком уважения; рассыпался «en
(of) loathing others with nuance (of) respect crumbled in
was all bows

vrai chevalier français» перед дамами и беспрестанно
true cavalier French before (the) ladies and incessantly
(French)

смеялся крупным, звучным и одиноким смехом, как
laughed large (with) resounding and (with) single laughter as

оно и следует сановнику. Он потрепал по спине
it also follows (a) dignitary He patted on (the) back

Аркадия и громко назвал его «племянничком», удостоил
(of) Arkady and loudly called him nephew honored

Базарова, облеченного в староватый фрак, рассеянного, но
Bazarov endowed in (the) old tail coat (with a) diffuse but

снисходительного взгляда вскользь, через щеку, и
condescending glance in passing after cheek and
the cheek

неясного, но приветливого мычанья, в котором только и
unclear but friendly mooing in which only also

можно было разобрать, что «я...» да «ссьма»; подал
possible was to disassemble that I yes from family gave
to understand

палец Ситникову и улыбнулся ему, но уже
(the) finger (to) Sitnikov and smiled to him but already

отвернув голову; даже самой Кукшиной, явившейся на
turning away (the) head even (the) very Kukshina appearing on

бал безо всякой криолины и в грязных перчатках,
(the) ball without every crinolines and in dirty gloves

но с райскою птицею в волосах, даже Кукшиной он
but with (a) paradise bird in (the) hair even Kukshina he

сказал: «Enchanté». Народу было пропасть, и в кавалерах
said Enchanted People was (the) chasm and in knights
(French)

не было недостатка; штатские более теснились вдоль
not was lacking civilian officials more crowded along
mostly

стен, но военные танцевали усердно, особенно
(the) walls but military officials (they) danced zealously especially

один из них, который прожил недель шесть в Париже,
one from them which stayed weeks six in Paris

где он выучился разным залихватским восклицаньям
where he learned different boastful exclamations

вроде: «Zut», «Ah fichtrrrre», «Pst, pst, mon bibi» и т.п.
of sort zut Ah fichtrrrre Pst pst my bibi and so forth
like

Он произносил их в совершенстве, с настоящим
He pronounced them in perfection with real

парижским шиком, и в то же время говорил «si
Parisian chic and in that same time said if

j'aurais» вместо «si j'avais», «absolument» в смысле:
I would have instead of if I had absolutely in thought
(French) (French)

«непременно», словом, выражался на том
absolutely word expressed in that

великорусско-французском наречии, над которым так
Russian-French dialect over which so

смеются французы, когда они не имеют нужды уверять
laugh (the) French when they not have needs to convince

нашу братью, что мы говорим на их языке, как ангелы,
our brother that we talk in their language like angels

«comme   des   anges».
like   of the   angels
(French)

Аркадий танцевал плохо, как мы уже знаем, а Базаров
Arkady danced bad as we already know and Bazarov

вовсе не танцевал: они оба поместились в уголке;
completely not danced they both placed themselves in (a) corner

к ним присоединился Ситников. Изобразив на лице
to him joined Sitnikov Depicting on (the) face

своем презрительную насмешку и отпуская ядовитые
his contemptuous mockery and letting go poisonous

замечания, он дерзко поглядывал кругом и, казалось,
remarks he boldly peeked around and (it) seemed

чувствовал истинное наслаждение. Вдруг лицо его
felt basic enjoyment Suddenly (the) face (of) him

изменилось и, обернувшись к Аркадию, он, как бы с
changed and turning around to Arkady he as would with

смущением, проговорил: «Одинцова приехала».
confusion spoke Odintsova has arrived

Аркадий оглянулся и увидал женщину высокого роста,
Arkady looked around and saw (a) woman (of) tall build

в черном платье, остановившуюся в дверях залы.
in black dress halted in (the) doors (of the) hall

Она поразила его достоинством своей осанки. Обнаженные
She amazed him (with the) dignity (of) her posture Bare

ее руки красиво лежали вдоль стройного стана; красиво
her arms beautifully were lying along (the) slender stand beautifully
figure

падали с блестящих волос на покатые плечи легкие
tumbled from shiny hair on sloping shoulders light

ветки фуксий; спокойно и умно, именно спокойно, а
branches fuchsias calmly and clever exactly calmly and

не задумчиво, глядели светлые глаза из-под немного
not pensively watched (the) bright eyes from under a little

нависшего белого лба, и губы улыбались едва
overhanging white (of her) forehead and (the) lips smiled hardly

заметною улыбкою. Какою-то ласковой и мягкой силой
conspicuous smile Some affectionate and soft force

веяло от ее лица.
wafted from her face

— Вы с ней знакомы? — спросил Аркадий Ситникова.
You with her acquainted asked Arkady Sitnikova

— Коротко. Хотите, я вас представлю?
Briefly Want I you will introduce

— Пожалуй... после этой кадрили.
Perhaps after these quadrilles
(dance)

Базаров также обратил внимание на Одинцову.
Bazarov also turned (the) attention on Odinzova

— Это что за фигура? — проговорил он. — На остальных
This what for figure spoke he On other
Like

баб   не   похожа.
women   not   looks

Дождавшись   конца   кадрили,   Ситников   подвел
Having waited   (the) end   (of the) quadrilles   Sitnikov   led

Аркадия   к   Одинцовой;   но   едва   ли   он   был   коротко
Arkady   to   Odinetsova   but   hardly   whether   he   was   briefly

с   ней   знаком: и   сам   он   запутался   в   речах   своих,   и
with   her   familiar   and   himself   he   confused   in   words   his   and

она   глядела   на   него   с   некоторым   изумлением.   Однако
she   looked   at   him   with   some   amazement   However

лицо   ее   приняло   радушное   выражение,   когда   она
(the) face   (of) her   took   cordial   expression   when   she

услышала   фамилию   Аркадия.   Она   спросила   его,   не   сын
heard   (the) surname   Arkady   She   asked   him   not   son

ли   он Николая   Петровича?
whether   he   Nicholas   Petrovich

— Точно так.
   Exactly   so

— Я   видела   вашего   батюшку   два   раза   и   много   слышала
   I   saw   your   father   two   times   and   much   heard

о   нем, —   продолжала   она, — я   очень   рада   с   вами
about   him   continued   she   I   very   glad   with   you

познакомиться.
  to be introduced

В это мгновение подлетел к ней какой-то адъютант и
In this moment flew up to her some adjutant and

пригласил ее на кадриль. Она согласилась.
invited her on quadrille She agreed

— Вы разве танцуете? — почтительно спросил Аркадий.
You perhaps dane respectful asked Arkady

— Танцую. А вы почему думаете, что я не танцую? Или
(I) dance And you why think that I not dance Or

я вам кажусь слишком стара?
I to you seem too old

— Помилуйте, как можно... Но в таком случае позвольте
Have mercy how possible But in such case please

мне пригласить вас на мазурку.
to me to invite you on (a) mazurka

Одинцова снисходительно усмехнулась.
Odintsova condescendingly chuckled

— Извольте, — сказал она и посмотрела на Аркадия не
Be so kind said she and looked at Arkady not

то чтобы свысока, а так, как замужние сестры
then in order to down and so as married sisters

смотрят на очень молоденьких братьев.
(they) look at very young brothers

Одинцова была немного старше Аркадия, ей пошел
Odintsova was a little older (than) Arkady her went

двадцать девятый год, но в ее присутствии он чувствовал
twenty ninth year but in her presence he felt

себя школьником, студентиком, точно разница лет
himself (a) school boy (a) student as if (the) difference (of) years

между ними была гораздо значительнее. Матвей Ильич
between them was much more meaningful Matvey Ilyich

приблизился к ней с величественным видом и
approached to her with majestic look and

подобострастными речами. Аркадий отошел в сторону,
with subservient words Arkady moved away in side a-

но продолжал наблюдать за нею: он не спускал с нее
but continued to observe after her he not dropped from her

глаз и во время кадрили. Она так же
(the) eyes also in (the) time (of) quadrilles She so then

непринужденно разговаривала с своим танцором, как и
casually talked with her dancer as also

с сановником, тихо поводила головой и глазами,
with (a) dignitary quietly moved (with the) head and eyes

и раза два тихо засмеялась. Нос у ней был
and times two quietly started laughing (The) nose with her was

немного толст, как почти у всех русских, и цвет
a little fat as almost with all russians and (the) color

кожи не был совершенно чист; со всем тем Аркадий
(of the) skin not was completely clear with all that Arkady

решил, что он еще никогда не встречал такой прелестной
decided that he still never not met such (a) lovely

женщины. Звук ее голоса не выходил у него
woman (The) sound (of) her voice not came out with him

из ушей; самые складки ее платья, казалось,
from (the) ears (the) very folds (of) her dress (it) seemed

ложились у ней иначе, чем у других, стройнее
lay down with her different with what with others more graceful
than

и шире, и движения ее были особенно плавны
and wider and (the) movements (of) her were especially smooth

и естественны в одно и то же время.
and natural in one and the same time

Аркадий ощущал на сердце некоторую робость, когда,
Arkady sensed on (the) heart (a) certain timidity when

при первых звуках мазурки, он усаживался возле
with (the) first sounds (of the) mazurkas he sat down near

своей дамы и, готовясь вступить в разговор, только
his lady and preparing to join in conversation only

проводил рукой по волосам и не находил ни
moved (with his) hand on (the) hair and not found not

единого слова. Но он робел и волновался недолго;
one word But he was shy and felt worried not long

спокойствие Одинцовой сообщилось и ему: четверти
(the) calmness (of) Odinetsova imparted itself also to him fourth

часа не прошло, как уж он свободно рассказывал о
hours not passed as already he freely told about

своем отце, дяде, о жизни в Петербурге и в
his father uncle about life in (saint) Petersburg and in

деревне. Одинцова слушала его с вежливым участием,
(the) village Odintsova listened to him with (a) polite participation

слегка раскрывая и закрывая веер; болтовня его
lightly opening and closing (the) fan chatter his

прерывалась, когда ее выбирали кавалеры; Ситников,
interrupted when her (they) chose (the) cavaliers Sitnikov

между прочим, пригласил ее два раза. Она
between other (things) invited her two times She

возвращалась, садилась снова, брала веер, и даже
returned sat down again took (the) fan and even

грудь ее не дышала быстрее, а Аркадий опять
(the) breast her not breathed more rapid and Arkady again

принимался болтать, весь проникнутый счастием
was accepted to chat all imbued (with) happiness

находиться в ее близости, говорить с ней, глядя в ее
be placed in her closeness to talk with her looking in her

глаза, в ее прекрасный лоб, во все ее милое, важное
eyes at her excellent forehead in all her sweet severe

и умное лицо. Сама она говорила мало, но знание
and wise face Herself she said little but (the) knowledge

жизни сказывалось в ее словах; по иным ее
(of) life manifested in her words on many (of) her

замечаниям Аркадий заключил, что эта молодая женщина
comments Arkady concluded that this young woman

уже успела перечувствовать и передумать многое…
already managed to feel and overthink much
reflect

— С кем вы это стояли, — спросила она его, —
With whom you -this- stood asked she him

когда господин Ситников подвел вас ко мне?
when Mr. Sitnikov led you to to me

— А вы его заметили? — спросил, в свою очередь,
And you him noticed asked in his turn

Аркадий. — Не правда ли, какое у него славное
Arkady Not true whether how with him (is a) glorious

лицо? Это некто Базаров, мой приятель.
face This (is) (a) certain Bazarov my friend

Аркадий принялся говорить о «своем приятеле».
Arkady started to talk about his friend

Он говорил о нем так подробно и с таким
He talked about him so in detail and with such

восторгом, что Одинцова обернулась к нему и
pride that Odintsova turned herself to him and

внимательно на него посмотрела. Между тем мазурка
attentively at him looked Between that (the) mazurka

приближалась к концу. Аркадию стало жалко расстаться
was approaching to (the) end Arkady became sorry to separate

с своей дамой: он так хорошо провел с ней около
from his lady he so good spent with her about

часа! Правда, он в течение всего этого времени
(an) hour True he in (the) course (of) all this time

постоянно чувствовал, как будто она к нему снисходила,
constantly felt as if she to him condescended

как будто ему следовало быть ей благодарным... но
as if to him (it) followed to be to her grateful but

молодые сердца не тяготятся этим чувством.
(the) young (of) heart not feel burdened (with) that feeling

Музыка умолкла.
(The) music became silent
stopped

— Merci, — промолвила Одинцова, вставая. — Вы
Thanks said Odintsova getting up You
(French)

обещали мне посетить меня, привезите же с собой и
promised me to visit me bring then with yourself also

вашего приятеля. Мне будет очень любопытно видеть
your friend To me will be very curious to see

человека, который имеет смелость ни во что не верить.
(a) man who has courage not in what not to believe
anything

Губернатор подошел к Одинцовой, объявил, что ужин
(The) governor approached to Odinetsova declared that supper

готов, и с озабоченным лицом подал ей руку.
(was) ready and with anxious face gave her (the) hand

Уходя, она обернулась, чтобы в последний раз
Departing she turned herself in order to in (the) last time

улыбнуться и кивнуть Аркадию. Он низко поклонился,
to smile and nod to Arkady He low bowed

посмотрел ей вслед (как строен показался ему ее стан,
looked her after how slender appeared to him her figure

облитый сероватым блеском черного шелка!) и, подумав:
doused (with) grayish glitter (of) black silk and thinking

«В это мгновенье она уже забыла о моем
In this instant she already forgot about my

существовании», — почувствовал на душе какое-то
existence felt in (his) soul some-then
some kind of

изящное смирение...
refined pacifying
delicate peacefulness

— Ну что? — спросил Базаров Аркадия, как только
Well what asked Bazarov Arkady as only

тот вернулся к нему в уголок, — получил
that one returned to him in corner obtained

удовольствие? Мне сейчас сказывал один барин, что эта
pleasure To me now said one gentleman that this

госпожа — ой-ой-ой; да барин-то, кажется, дурак. Ну,
Mrs. oy-oy-oy yes that gentleman (he) seems (a) fool Well

а   по-твоему,   что она, точно — ой-ой-ой?
and   according to you what she like   oy-oy-oy

— Я этого определенья не совсем понимаю, — отвечал
I   this   definition   not entirely understand   answered

Аркадий.
Arkady

— Вот еще! Какой невинный!
Here still How   innocent

— В таком случае я не понимаю твоего барина.
In such   case   I not understand your   gentleman

Одинцова очень мила — бесспорно, но она так холодно
Odintsova (is) very sweet   unquestionably but she so   coldly

и строго себя держит, что...
and strictly herself holds   that

— В тихом   омуте... ты знаешь! — подхватил Базаров.
In (the) silence underwater you know   joined in   Bazarov

— Ты говоришь, она холодна. В этом-то самый вкус и
You say   she (is) cold In this-then (the) very taste also

есть. Ведь ты любишь мороженое?
is   Indeed you love   ice cream

— Может быть, — пробормотал Аркадий, — я об   этом
May   be   muttered   Arkady   I about this

судить не могу. Она желает с тобой познакомиться и
judge not can She wishes with you to be introduced and

просила меня,   чтоб   я привез тебя к ней.
requested   me   in order that   I   brought   you   to   her

— Воображаю,   как   ты   меня   расписывал! Впрочем,   ты
(I) imagine   how   you   me   painted   However   you

поступил хорошо. Вези меня. Кто   бы   она   ни   была —
entered   good   Drive   me   Who   would   she   not   was
acted   ever   is

просто   ли   губернская   львица,   или   «эманципе»   вроде
simply   whether   provincial   lioness   or   emancipa   kind of

Кукшиной,   только   у   ней   такие   плечи,   каких   я   не
Kukshina   only   with   her   such   shoulders   what   I   not

видывал давно.
saw   long ago

Аркадия покоробило   от   цинизма   Базарова,   но — как
Arkady   shaken   from   (the) cynicism   (of) Bazarov   but   as

это часто случается — он упрекнул своего приятеля не за
this often   happens   he   rebuked   his   friend   not for

то именно, что   ему   в нем не   понравилось...
this exactly what to him in him not   appealed

— Отчего ты   не   хочешь допустить свободы   мысли   в
Why   you not   want   to allow   freedom   (of) thoughts   in

женщинах? — проговорил он вполголоса.
women   spoke   he   in half voice
                        (in a low voice)

— Оттого,   братец,   что,   по   моим   замечаниям,   свободно
From-that   brother   that   on   my   observations   free

мыслят между женщинами только уроды.
thinkers between women (are) only freaks

Разговор на этом прекратился. Оба молодых человека
Conversation on this ceased Both young men

уехали тотчас после ужина. Кукшина нервически злобно,
left immediately after supper Kukshina nervously viciously

но не без робости, засмеялась им вослед: ее
but not without shyness started laughing them after her

самолюбие было глубоко уязвлено тем, что ни тот, ни
self-esteem was deeply bruised with-that that not this not

другой не обратил на нее внимания. Она оставалась позже
another not turned to her attention She remained later

всех на бале и в четвертом часу ночи
all on (the) ball and in (the) fourth hour (of the) night

протанцевала польку-мазурку с Ситниковым на парижский
danced polka-mazurka with Sitnikov on Parisian

манер. Этим поучительным зрелищем и завершился
manner That instructive spectacle also concluded

губернаторский праздник.
(the) gubernatorial holiday

XV
Chapter 15

— Посмотрим, к какому разряду млекопитающих
Let's see to what grade (of) mammals

принадлежит сия особа, — говорил на следующий день
belongs this individual said on (the) following day

Аркадию Базаров, поднимаясь вместе с ним по лестнице
to Arkady Bazarov mounting together with him on (the) stairs

гостиницы, в которой остановилась Одинцова. — Чувствует
(of the) hotel in which stayed Odintsova Feels

мой нос, что тут что-то не ладно.
my nose that here something not okay

— Я тебе удивляюсь! — воскликнул Аркадий. — Как? Ты,
I in you (am) surprised exclaimed Arkady How You

ты, Базаров, придерживаешься той узкой морали,
you Bazarov support yourself those narrow morals

которую...
which

— Экой ты чудак! — небрежно перебил Базаров. —
What (are) you (a) weirdo carelessly interrupted Bazarov

Разве ты не знаешь, что на нашем наречии и для
Perhaps you not know that on our dialect and for

нашего брата «не ладно» значит «ладно»? Пожива есть,
our brother not okay (it) means okay Life is

значит. Не сам ли ты сегодня говорил, что она
(it) means Not self whether you today said that she

странно вышла замуж, хотя, по мнению моему,
strangely went out married although on (the) opinion (of) mine
        got

выйти за богатого старика — дело ничуть не
to go out for (a) rich old man (a) matter not a bit not
to get married with

странное, а, напротив, благоразумное. Я городским
strange and on (the) contrary prudent I (the) town

толкам не верю; но люблю думать, как говорит наш
crowd not believe but (I) love to think as says our

образованный губернатор, что они справедливы.
educated governor that they (are) just

Аркадий ничего не отвечал и постучался в дверь
Arkady nothing not answered and knocked in (the) door

номера. Молодой слуга в ливрее ввел обоих
(of the) room (A) young servant in livery introduced both

приятелей в большую комнату, меблированную дурно, как
(of the) friends in (a) big room furnished bad as

все комнаты русских гостиниц, но уставленную цветами.
all rooms (of) Russian hotels but stacked (with) flowers

Скоро появилась сама Одинцова в простом
Soon appeared herself Odintsova in simple

утреннем платье. Она казалась еще моложе при свете
morning dress She seemed still younger before (the) light

весеннего солнца. Аркадий представил ей Базарова и
(of the) spring sun Arkady presented her Bazarov and

с тайным удивлением заметил, что он как будто
with secret surprise noted that he as if

сконфузился, между тем как Одинцова оставалась
got embarrassed between that as Odintsova remained

совершенно спокойною, по-вчерашнему. Базаров сам
completely calm like yesterday Bazarov himself

почувствовал, что сконфузился, и ему стало
felt that (he) got embarrassed and to him became
sensed he

досадно. «Вот тебе раз! бабы испугался!» — подумал
irritated See you once (of a) broad (I'm) scared thought
now

он, и, развалясь в кресле не хуже Ситникова, заговорил
he and collapsed in (a) chair not worse (than) Sitnikov spoke

преувеличенно развязно, а Одинцова не спускала с
exaggeratedly cheekily and Odintsova not let down from

него своих ясных глаз.
him her clear eyes

Анна Сергеевна Одинцова родилась от Сергея
Anna Sergeyevna Odintsova was born from Sergei

Николаевича Локтева, известного красавца, афериста и
Nikolayevich Loktev (a) famous handsome swindler and

игрока, который, продержавшись и прошумев лет
player / gambler who holding out / cutting a figure and humming / scandalizing years

пятнадцать в Петербурге и в Москве, кончил тем,
fifteen in (saint) Petersburg and in Moscow finished with that

что проигрался в прах и принужден был поселиться в
that (he) lost himself in ashes and constrained was to settle down in

деревне, где, впрочем, скоро умер, оставив крошечное
(the) village where however soon (he) died leaving (a) tiny

состояние двум своим дочерям, Анне — двадцати и
fortune (with) two his daughters Anna twenty and

Катерине — двенадцати лет. Мать их, из обедневшего
Katerina (of) twelve years Mother them from impoverished

рода князей Х... скончалась в Петербурге, когда
birth / line (of) princess X deceased in (saint) Petersburg when

муж ее находился еще в полной силе. Положение
(the) husband her found himself still in full force (The) situation

Анны после смерти отца было очень тяжело.
(of) Anna after (the) death (of her) father was very heavy / difficult

Блестящее воспитание, полученное ею в Петербурге,
(The) shining upbringing received by her in (saint) Petersburg

не подготовило ее к перенесению забот по хозяйству и
not prepared her to transfer care on (the) farm and

по дому, — к
on (the) house to

глухому деревенскому житью. Она не знала никого
(a) dull / rural / dwelling / She / not / knew / no one

решительно в целом околотке, и посоветоваться ей
absolutely / in / (the) whole / neighborhood / and / to counsel / her herself

было не с кем. Отец ее старался избегать
was could / not / with / whom anyone / (The) father / her / tried / to out-run to avoid

сношений с соседями; он их презирал, и они его
dealings / with / (the) neighbors / he / them / despised / and / they / him

презирали, каждый по-своему. Она, однако, не потеряла
despised / each one / in their own way / She / however / not / lost

головы и немедленно выписала к себе сестру своей
(the) head / and / immediately / discharged / to / herself / (the) sister / (of) her

матери, княжну Авдотью Степановну Х...ю, злую и
mother / princess / Avdotya / Stepanovna / H...ya / (a) mean / and

чванную старуху, которая, поселившись у племянницы в
dignified / old woman / who / settled / with / (the) nieces / in

доме, забрала себе все лучшие комнаты, ворчала
(the) house / choose / for herself / all / (the) best / rooms / grumbled

и брюзжала с утра до вечера и даже по
and / grouched / from / morning / to / evening / and / even / on

саду гуляла не иначе как в сопровождении
(the) garden / went for a walk / not / otherwise / as / in / accompaniment

единственного своего крепостного человека, угрюмого
singular / of her / serf / man / (a) sullen

лакея в изношенной гороховой ливрее с голубым
footman in worn pea livery with blue

позументом и в треуголке. Анна терпеливо выносила все
braid and in triangle Anna patiently endured all
cocked hat

причуды тетки, исподволь занималась воспитанием
quirks (of the) aunt gradually busied herself (with the) education

сестры и, казалось, уже примирилась с мыслию
(of her) sister and (it) seemed already reconciled with (the) thought

увянуть в глуши… Но судьба сулила ей другое. Ее
to fade in (the) wilderness But fate promised her another Her

случайно увидел некто Одинцов, очень богатый человек
accidentally saw (a) certain Odinets (a) very rich man

лет сорока шести, чудак, ипохондрик, пухлый, тяжелый и
years forty six weirdo hypochondriac plump heavy and

кислый, впрочем, не глупый и не злой; влюбился в
sour however not stupid and not mean (he) fell in love in

нее и предложил ей руку. Она согласилась быть его
her and offered her (the) hand She agreed to be his

женой, — а он пожил с ней лет шесть и, умирая,
wife and he lived with her years six and dying

упрочил за ней все свое состояние. Анна Сергеевна
consolidated for her all his fortune Anna Sergeyevna

около года после его смерти не выезжала из деревни;
about (a) year after his death not went out from (the) village

потом отправилась вместе с сестрой за границу, но
then (she) set out together with (her) sister for (the) border but

побывала только в Германии; соскучилась и вернулась
visited only in Germany (she) was homesick and returned

на жительство в свое любезное Никольское, отстоявшееся
to (the) lodging in her kind Nikolskoye settled

верст сорок от города ***. Там у ней был
miles forty from (of the) town (of) X There with her was

великолепный, отлично убранный дом, прекрасный сад
(a) splendid very well decked out house (an) excellent garden

с оранжереями: покойный Одинцов ни в чем себе
with greenhouses the late Odinets not in anything himself

не отказывал. В город Анна Сергеевна являлась очень
not refused In (the) city Anna Sergeyevna was very

редко, большею частью по делам, и то ненадолго.
rarely (for a) large part on business and then temporarily

Ее не любили в губернии, ужасно кричали по
To her not loved in (the) district terrible cried on
                                    there was a terrible outcry

поводу ее брака с Одинцовым, рассказывали про
occasion (of) her marriage with Odinetsov (they) told about

нее всевозможные небылицы, уверяли, что она
her all sorts (of) tall tales (they) were convinced that she

помогала отцу в его
helped (the) father in his

шулерских проделках, что и за границу она ездила
cheater tricks that also behind (the) border she went
- abroad

недаром, а из необходимости скрыть несчастные
not right and from (the) need to hide (from) unfortunate

последствия... «Вы понимаете чего?» — договаривали
consequences You understand of what finished speaking

негодующие рассказчики. «Прошла через огонь и воду»,
(the) resentful storytellers (She) passed through fire and water

— говорили о ней; а известный губернский остряк
(they) said about her and (the) famous provincial wit

обыкновенно прибавлял: «И через медные трубы». Все
usually added and through copper pipes All

эти толки доходили до нее, но она пропускала их
these rumblings reached to her but she let pass through them

мимо ушей: характер у нее был свободный и
by (the) ears character with her was free and

довольно решительный.
rather resolute

Одинцова сидела, прислонясь к спинке кресел, и,
Odintsova sat leaning against (the) back (of the) chair and

положив руку на руку, слушала Базарова. Он
laying (the) hand on (the) hand listened (to) Bazarov He

говорил, против обыкновения, довольно много и явно
spoke against (his) habit rather much and clearly

старался	занять	свою	собеседницу,	что	опять	удивило
tried	to interest	his	interlocutor	which	again	astonished

Аркадия.	Он	не	мог	решить,	достигал	ли	Базаров
Arkady	He	not	could	decide	achieved	whether	Bazarov

своей	цели.	По	лицу	Анны	Сергеевны	трудно	было
his	goal	On	(the) face	(of) Anna	Sergeyevna	(it) difficult	was

догадаться,	какие	она	испытывала	впечатления:	оно
to guess	what	she	experienced	(for) impression	it

сохраняло	одно	и	то	же	выражение,	приветливое,
kept	one	and	the	same	expression	friendly gracious

тонкое;	ее	прекрасные	глаза	светились	вниманием,	но
fine refined	her	beautiful	eyes	were lit	(with) attention	but

вниманием	безмятежным.	Ломание	Базарова	в	первые
(an) attention	serene	(The) breaking	(of) Bazarov	in	(the) first

минуты	посещения	неприятно	подействовало	на	нее,	как
minutes	(of the) visit	unpleasantly	acted	on	her	like

дурной	запах	или	резкий	звук;	но	она	тотчас	же
(a) bad	smell	or	(a) shrill	sound	but	she	immediately	then

поняла,	что	он	чувствовал	смущение,	и	это	ей	даже
understood	that	he	felt	embarrassment	and	this	her	even

польстило.	Одно	пошлое	ее	отталкивало,	а	в	пошлости
flattered	Only	vulgarity	her	repelled	and	in	platitudes

никто	бы	не	упрекнул	Базарова.	Аркадию	пришлось
nobody	would	not	(have) rebuked	Bazarov	Arkady	had to

в тот день не переставать удивляться. Он ожидал, что
in that day not to cease to be surprised He expected that

Базаров заговорит с Одинцовой, как с женщиной
Bazarov talks with Odinetsova as with (a) woman

умною, о своих убеждениях и воззрениях: она же
smart about his beliefs and views she then

сама изъявила желание послушать человека, «который
herself volunteered (the) desire to listen to (a) man who

имеет смелость ничему не верить», но вместо того
has courage nothing not to believe but instead of that

Базаров толковал о медицине, о гомеопатии, о
Bazarov explained about medicine about homeopathics about

ботанике. Оказалось, что Одинцова не теряла времени в
botany Turned out that Odintsova not lost time in

уединении: она прочла несколько хороших книг и
solitude she read several good books and

выражалась правильным русским языком. Она навела
expressed herself (with) correct Russian language She directed

речь на музыку, но, заметив, что Базаров не признает
(the) talk to music but noticing that Bazarov not recognizes

искусства, потихоньку возвратилась к ботанике, хотя
art quietly slowly returned to botany although

Аркадий и пустился было толковать о значении
Arkady also set out was to discuss about (the) meaning

народных мелодий. Одинцова продолжала обращаться с
(of) folk tunes Odintsova continued to deal with

ним, как с младшим братом: казалось, она ценила в нем
him as with (a) junior brother (it) seemed she valued in him

доброту и простодушие молодости — и только.
goodness and simplicity (of) youth and only (that)
kindness

Часа три с лишком длилась беседа,
Hours three with surplus lasted (the) conversation
      Over three hours

неторопливая, разнообразная и живая.
leisurely diverse and alive

Приятели наконец поднялись и стали прощаться.
(The) friends finally rose themselves and started to say good-bye

Анна Сергеевна ласково поглядела на них, протянула
Anna Sergeyevna affectionately looked at them stretched out

обоим свою красивую белую руку и, подумав немного,
both her beautiful white arms and thinking a little

с нерешительною, но хорошею улыбкой проговорила:
with hesitance but good smile spoke

— Если вы, господа, не боитесь скуки, приезжайте
If you gentlemen not fear (the) boredom come

ко мне в Никольское.
to to me in Nikolskoye

— Помилуйте, Анна Сергеевна, — воскликнул Аркадий, —
Have mercy Anna Sergeyevna exclaimed Arkady

я   за   особенное   счастье   почту...
I   for   special   happiness   will honor (that)

— А   вы,   мсье   Базаров?
And   you   monsieur   Bazarov

Базаров   только   поклонился —   и   Аркадию   в   последний
Bazarov   only   bowed   and   Arkady   in   (the) last

раз   пришлось   удивиться: он   заметил,   что   приятель   его
time   had to   marvel   he   noted   that   (the) friend   his

покраснел.
became red

— Ну? — говорил   он   ему   на   улице, — ты   все   того
Well   said   he   to him   on   (the) street   you   all   that

же   мнения,   что   она — ой-ой-ой?
then   opinion   that   she   oy-oy-oy

— А   кто   ее   знает!   Вишь,   как   она   себя   заморозила! —
And   who   her   knows   See   how   she   herself   froze

возразил   Базаров   и,   помолчав   немного,   прибавил:
objected   Bazarov   and   (after) keeping silent   a little   added

— Герцогиня,   владетельная   особа.   Ей   бы   только   шлейф
Duchess   (a) possessive   individual   Her   would   only   (a) train
                                                       She   needs

сзади   носить   да   корону   на   голове.
behind   to carry   yes   (a) crown   on   (the) head

— Наши   герцогини   так   по-русски   не   говорят, — заметил
Our   duchesses   so   in Russian   not   (they) speak   noted

Аркадий.
Arkady

— В переделе была, братец ты мой, нашего хлеба
In trouble (she) was brother you (of) mine (of) our bread

покушала.
(she) ate

— А все-таки она прелесть, — промолвил Аркадий.
And all-so she (is a) delight uttered Arkady
(nonetheless)

— Этакое богатое тело! — продолжал Базаров, —
(And) such (a) rich body continued Bazarov

хоть сейчас в анатомический театр.
might as well now (be) in anatomical theater
be on the dissecting table

— Перестань, ради Бога, Евгений! Это ни на что
Stop for the sake of god Eugene This not on what
is not in any way

не похоже.
not seemed
- appropriate

— Ну, не сердись, неженка. Сказано — первый сорт.
Well not be mad sissy Was said (of the) first grade
It can be said

Надо будет поехать к ней.
Necessary will be to go to her

— Когда?
When

— Да хоть послезавтра. Что нам здесь делать-то!
Yes might as well after-tomorrow What to us here to do then

Шампанское с Кукшиной пить? Родственника твоего,
Champagne with Kukshina to drink Relative yours

либерального сановника, слушать?.. Послезавтра же и
liberal dignitary to listen to After-tomorrow then also

махнем. Кстати — и моего отца усадьбишка
(we) wave By the way and my father's homestead
we say goodbye

оттуда не далеко. Ведь это Никольское по ***
from there (is) not far Indeed this Nikolskoye on X

дороге?
road

— Да.
Yes

— Optime. Нечего мешкать; мешкают одни дураки —
Optimal Nothing to procrastinate hesitate alone imbeciles
(Latin)

да умники. Я тебе говорю: богатое тело!
yes (and) clever people I to you say (a) rich body

Три дня спустя оба приятеля катили по дороге в
Three days later both friends rolled on (the) road in

Никольское. День стоял светлый и не слишком жаркий,
Nikolskoye Day stood bright and not too hot

и ямские сытые лошадки дружно бежали, слегка
and (the) postal well-fed horses amicably ran slightly

помахивая своими закрученными и заплетенными
waving their twisted and braided

хвостами. Аркадий глядел на дорогу и улыбался, сам
tails Arkady looked on (the) road and smiled himself

не зная чему.
not knowing of what

— Поздравь меня, — воскликнул вдруг Базаров, —
Congratulate me exclaimed suddenly Bazarov

сегодня двадцать второе июня, день моего ангела.
today (the) twenty second (of) June (is the) day of my angel

Посмотрим, как-то он обо мне печется. Сегодня меня
Let's see how then he about me bakes Today me
of takes care

дома ждут, — прибавил он, понизив голос… — Ну,
at home await added he lowering (the) voice Well

подождут, что за важность!
(they) wait what for importance
let them wait

XVI
Chapter 16

Усадьба,	в	которой	жила	Анна	Сергеевна,	стояла	на
(The) manor	in	which	lived	Anna	Sergeyevna	stood	on

пологом	открытом	холме,	в	недальнем	расстоянии	от
(a) canopy an exposed	open	hill	in	not-distant	distance	from

желтой	каменной	церкви	с	зеленою	крышей,	белыми
(a) yellow	stone	church	with	green	roof	white

колоннами	и	живописью	al	fresco	над	главным	входом,
columns	and	painting	al	fresco (Italian)	over	(the) main	entrance

представлявшею	«Воскресение	Христово»	в	«итальянском»
representing	(the) Resurrection	(of) Christ	in	Italian

вкусе.	Особенно	замечателен	своими	округленными
taste style	Especially	remarkable	with his	rounded

контурами	был	распростертый	на	первом	плане	смуглый
contours	was	(the) prostrate	on	(the) first the fore	plan ground	swarthy

воин	в	шишаке.	За	церковью	тянулось	в	два	ряда
warrior	in	shishake round forms	Behind	(the) church	stretched	in	two	rows

длинное	село	с	кое-где	мелькающими	трубами	над
long	(the) village	with	somewhere	flickering	pipes	over

соломенными	крышами.	Господский	дом	был	построен	в
straw	roofs	(The) lordly The manor	house	was	built	in

одном стиле с церковью, в том стиле, который известен
one style with (the) church in that style which known
the same as

у нас под именем Александровского; дом этот был
with us under name (of) Alexandrovsky's (the) house this was

также выкрашен желтою краской, и крышу имел
also painted (with) yellow paint and (the) roof had

зеленую, и белые колонны, и фронтон с гербом.
(the) green and white columns and pediment with escutcheon

Губернский архитектор воздвигнул оба здания с
(The) provincial architect erected both buildings with

одобрения покойного Одинцова, не терпевшего никаких
approval (of the) deceased Odintsova not enduring nothing

пустых и самопроизвольных, как он выражался,
empty and spontaneous as he expressed

нововведений. К дому с обеих сторон прилегали
innovations To (the) house with both sides adjoined

темные деревья старинного сада, аллея стриженых
(the) dark trees (of the) ancient garden (an) alley (with) sheared

елок вела к подъезду.
spruce trees led to entranceway

Приятелей наших встретили в передней два рослых лакея
(The) friends ours met in (the) hall two stout footmen

в ливрее; один из них тотчас побежал за
in livery one from them immediately started to run for

дворецким. Дворецкий, толстый человек в черном фраке,
(the) butler (The) butler (a) fat man in black tail coat

немедленно явился и направил гостей по устланной
immediately appeared and sent (the) guests on (the) lined

коврами лестнице в особую комнату, где уже стояли
carpets (of the) stairs in (a) special room where already stood

две кровати со всеми принадлежностями туалета. В
two beds with all accessories of toilet In
for cleaning up

доме видимо царствовал порядок: все было чисто,
(the) house visibly reigned order all was clean

всюду пахло каким-то приличным запахом, точно
everywhere (it) smelled with some-then decent smell as if

в министерских приемных.
in ministerial receptions

— Анна Сергеевна просят вас пожаловать к ним через
Anna Sergeyevna asks you to come to her after
(archaic)

полчаса, — доложил дворецкий. — Не будет ли от
half an hour reported (the) butler Not will be whether from

вас покамест никаких приказаний?
you for now no orders

— Никаких приказаний не будет, почтеннейший, — ответил
No orders not will be most honorable answered

Базаров, — разве рюмку водочки
Bazarov perhaps (a) shot glass (of) vodka

соблаговолите   поднести.
kindly   bring

— Слушаю-с,   — промолвил   дворецкий   не   без
(I) hear (you) sir   uttered   (the) butler   not   without

недоуменья   и   удалился,   скрипя   сапогами.
bewilderment   and   distanced himself   creaking   (the) boots

— Какой   гранжанр!   — заметил   Базаров,   — кажется,   это
What   grand-genre   noted   Bazarov   (it) seems   this
(French)

так по-вашему называется? Герцогиня, да   и   полно.
so   your way   (is) called   Duchess   yes   and   fully

— Хороша герцогиня,   — возразил   Аркадий,   — с   первого
(A) good   duchess   objected   Arkady   with   (the) first

раза   пригласила   к   себе   таких   сильных   аристократов,
times   invited   to   herself   such   great   aristocrats

каковы мы   с   тобой.
like   we   with   you

— Особенно   я,   будущий   лекарь,   и   лекарский   сын,   и
Especially   I   future   healer   and   doctor's   son   and

дьячковский   внук... Ведь   ты   знаешь,   что   я
(a) deacon's   grandson   Indeed   you   know   that   I

внук   дьячка?..
(am the) grandson   (of a) clergyman

— Как Сперанский,   — прибавил   Базаров   после   небольшого
Like   Speranian   added   Bazarov   after   (of) not large
a short

молчания   и   скривив   губы. — А   все-таки   избаловала
silence   and curling   (the) lips And all-so   spoiled
(nonetheless)

она себя; ох, как избаловала себя эта барыня! Уж   не
she herself oh how spoiled   herself this lady   Already not

фраки   ли   нам надеть?
tail-coats whether to us put on

Аркадий   только   плечом   пожал... но   и   он
Arkady   only   (with the) shoulder shrugged but also he

чувствовал небольшое смущение.
felt   not-great   embarrassment
           a little

Полчаса   спустя   Базаров   с   Аркадием   сошли   в
Half an hour later   Bazarov with Arkady   got down in

гостиную.   Это   была   просторная,   высокая   комната,
(the) drawing room This was   (a) spacious   high   room

убранная довольно роскошно, но без особенного вкуса.
decorated rather   luxuriously but without particular taste
                                                         style

Тяжелая, дорогая   мебель   стояла в обычном   чопорном
Heavy   expensive furniture stood in ordinary   prim

порядке вдоль   стен,   обитых   коричневыми обоями   с
order   along (the) walls upholstered (with) brown wallpaper with

золотыми разводами; покойный Одинцов   выписал   ее   из
golden   patterns   the late   Odintsov ordered out her from

Москвы   через   своего приятеля   и   комиссионера, винного
Moscow   through   his   friend   and commissioner   (a) wine

торговца. Над средним диваном висел портрет
trader Over (a) centered sofa hung (a) portrait

обрюзглого белокурого мужчины — и, казалось,
(of a) flabby blond man and (it) seemed

недружелюбно глядел на гостей. «Должно быть, сам, —
unfriendly looked at (the) guests must be himself

шепнул Базаров Аркадию и, сморщив нос, прибавил:
whispered Bazarov Arkady and wrinkled (the) nose added

— Аль удрать?» Но в это мгновенье вошла хозяйка.
Or flee But in this instant entered (the) mistress
Shall we

На ней было легкое барежевое платье; гладко
On her was (a) simple linen dress (the) smoothly

зачесанные за уши волосы придавали девическое
combed behind (the) ears hair gave (a) girl's

выражение ее чистому и свежему лицу.
expression to her pure and fresh face

— Благодарствуйте, что сдержали слово, — начала она,
Thank you that (you) kept (your) word began she

— погостите у меня: здесь, право, недурно. Я вас
stay with me here right not bad I you

познакомлю с моей сестрою, она хорошо играет на
will introduce with my sister she good plays on

фортепьяно. Вам, мсье Базаров, это все равно; но
(the) piano To you monsieur Bazarov this all (the) same but

вы, мсье Кирсанов, кажется, любите музыку; кроме
you monsieur Kirsanov (it) seems love music besides

сестры, у меня живет старушка тетка, да сосед один
(my) sister with me lives (the) old aunt yes neighbor one

иногда наезжает в карты играть: вот и все наше
sometimes pounces in cards to play here and all our

общество. А теперь сядем.
society And now sit down

Одинцова произнесла весь этот маленький спич с
Odintsova uttered all this small speech with

особенною отчетливостью, словно она наизусть его
especial distinctness as if she by heart him

выучила; потом она обратилась к Аркадию. Оказалось, что
learned then she turned to Arkady Turned out that

мать ее знавала Аркадиеву мать и была даже
mother her knew Arkady's mother and was even

поверенною ее любви к Николаю Петровичу. Аркадий
convinced of her love to Nikolai Petrovich Arkady

с жаром заговорил о покойнице; а Базаров
with (with) heat spoke about (the) deceased and Bazarov

между тем принялся рассматривать альбомы. «Какой я
between that started to examine (the) albums How I

смирненький стал», — думал он про себя.
humble became thought he about himself

Красивая борзая собака с голубым ошейником
(A) beautiful greyhound dog with blue collar

вбежала в гостиную, стуча ногтями по полу,
ran in into (the) drawing room knocking (the) nails on (the) floor

а вслед за нею вошла девушка лет восемнадцати,
and in-follow after her entered (a) girl years eighteen
behind

черноволосая и смуглая, с несколько круглым, но
black-haired and swarthy with a little bit round but

приятным лицом, с небольшими темными глазами. Она
pleasant face with small dark eyes She

держала в руках корзину, наполненную цветами.
kept in (the) hands (a) basket filled (with) flowers

— Вот вам и моя Катя, — проговорила Одинцова,
Here to you also my Katya spoke Odintsova

указав на нее движением головы.
indicating to her (with a) movement (of the) head

Катя слегка присела, поместилась возле сестры и
Katya with ease sat down took a seat near (her) sister and

принялась разбирать цветы. Борзая собака,
started to pick out (the) flowers (The) greyhound dog

имя которой было Фифи, подошла, махая хвостом,
(the) name of whom was Fifi came up waving (a) tail

поочередно к обоим гостям и ткнула каждого из них
alternately to both guests and poked (of) each from them

своим холодным носом в руку.
its cold nose in (the) hand

— Это ты все сама нарвала? — спросила Одинцова.
This you all herself picked asked Odintsova

— Сама, — отвечала Катя.
Myself answered Katya

— А тетушка придет к чаю?
And aunt will come for tea

— Придет.
(She)'ll come

Когда Катя говорила, она очень мило улыбалась,
When Katya talked she very sweetly smiled

застенчиво и откровенно, и глядела как-то
continually and openly and looked somehow

забавно-сурово, снизу вверх. Все в ней было еще
funnily enough from below upward All in her was still

молодо-зелено: и голос, и пушок на всем лице, и
young-green both voice and fuzz on all (the) face and

розовые руки с беловатыми кружками на ладонях, и
rosy hands with whitish circles on palms and

чуть-чуть сжатые плечи… Она беспрестанно краснела и
a little bit squeezed shoulders She incessantly reddened and
blushed

быстро переводила дух.
quickly shifted breath
caught her

Одинцова обратилась к Базарову.
Odintsova turned to Bazarov

— Вы из приличия рассматриваете картинки, Евгений
You from decency contemplate pictures Eugene
politeness

Васильич, — начала она. — Вас это не занимает.
Vasilich began she You this not takes up
interests

Подвиньтесь-ка лучше к нам, и давайте поспоримте о
Move over-just better to us and let's argue about

чем-нибудь.
something

Базаров приблизился.
Bazarov approached

— О чем прикажете-с? — промолвил он.
About what if you please uttered he

— О чем хотите. Предупреждаю вас, что я
About what (you) want (I) warn you that I

ужасная спорщица.
(am a) terribly argumentative person

— Вы?
You

— Я. Вас это как будто удивляет. Почему?
I You this as if (it) astonishes Why

— Потому что, сколько я могу судить, у вас нрав
Therefore that as much as I can judge with you disposition

спокойный   и   холодный,   а   для   спора   нужно
calm   and   cold   and   for   (an) argument   (is) necessary

увлечение.
enthusiasm

— Как   это   вы   успели   меня   узнать   так   скоро? Я,
How   this   you   managed   me   to find out   so   soon   I

во-первых,   нетерпелива   и   настойчива,   спросите   лучше
firstly   (am) impatient   and   persistent   ask   better

Катю;   а   во-вторых, я   очень   легко   увлекаюсь.
Katya   and   in second   I   very   easily   passionate myself

Базаров   поглядел   на   Анну   Сергеевну.
Bazarov   looked   at   Anna   Sergeyevna

— Может   быть,   вам   лучше   знать.   Итак,   вам   угодно
May   be   to you   better   to know   Thus   to you   is convenient

спорить, —   извольте. Я   рассматривал   виды   Саксонской
to argue   be so kind   I   examined   (the) sights   (of) Saxon

Швейцарии   в   вашем   альбоме,   а   вы   мне   заметили,
Switzerland   in   your   (a photo) album   and   you   to me   noticed

что   это   меня   занять   не   может. Вы   это   сказали   оттого,
that   this   me   to interest   not   can   You   this   said   from this

что   не   предполагаете   во   мне   художественного   смысла, —
that   not   (you) presume   in   me   artistic   thought

да,   во   мне   действительно   его   нет;   но   эти   виды   могли
yes   in   me   really   it (is)   not   but   these   views   could

меня   заинтересовать   с   точки   зрения   геологической,   с
me   interest   from   points   (of) vision   geological   from

точки   зрения   формации   гор,   например.
points   (of) vision   formations   (of the) mountains   for example

— Извините;   как   геолог   вы   скорее   к   книге
Excuse (me)   as   geologist   you   more quickly   to   (the) book

прибегнете,   к   специальному   сочинению,   а   не   к
(would) resort   to   (a) special   essay   and   not   to

рисунку.
(a) drawing

— Рисунок   наглядно   представит   мне   то,   что   в   книге
Drawing   visually   will present   to me   this   what   in   (the) book

изложено   на   целых   десяти   страницах.
outlined   on   (a) whole   ten   pages

Анна   Сергеевна   помолчала.
Anna   Sergeyevna   became silent

— И   так-таки   у   вас   ни   капельки   художественного
And   so-so even   with   you   not   droplets   (of) artistic

смысла   нет? — промолвила   она,   облокотясь   на   стол
thought   not   said   she   leaning   on   (the) table

и   этим   самым   движением   приблизив   свое   лицо   к
and   with that   same   movement   approximating   her   face   to

Базарову. — Как   же   вы   это   без   него   обходитесь?
Bazarov   How   then   you   this   without   it   make do

— А на что он нужен, позвольте спросить?
And for what it (is) needed allow (me) to ask

— Да хоть на то, чтоб уметь узнавать и
Yes might as well on this in order that to be able to find out and

изучать людей.
study people

Базаров усмехнулся.
Bazarov smiled

— Во-первых, на это существует жизненный опыт; а,
Firstly on this exists vital experience and

во-вторых, доложу вам, изучать отдельные личности не
in second (I) to-put to you to study separate personalities not
will report

стоит труда. Все люди друг на друга похожи как телом,
stands work All people friend on (the) other look like like body
costs each

так и душой; у каждого из нас мозг, селезенка,
so and soul with each from us (is a) brain (a) spleen

сердце, легкие одинаково устроены; и так называемые
(the) heart light (is) equally arranged and so called

нравственные качества одни и те же у всех:
moral quality some and those then with all

небольшие видоизменения ничего не значат. Достаточно
not large modifications nothing not mean Sufficiently

одного человеческого экземпляра, чтобы судить обо
one (of the) human samples that-would to judge about
in order

всех   других.   Люди,   что   деревья   в   лесу;   ни   один
all   others   People   that   trees   in   (the) forest   not   one
     as

ботаник   не   станет   заниматься   каждою   отдельною
botanist   not   begins   keep himself busy   with each   separate

березой.
birch

Катя,   которая,   не   спеша,   подбирала   цветок   к   цветку,   с
Katya   who   not   in a hurry   sorted out   flowers   to   flowers   with

недоумением   подняла   глаза   на   Базарова   —   и,
bewilderment   raised   (the) eyes   on   Bazarov   and

встретив   его   быстрый   и   небрежный   взгляд,   вспыхнула
after meeting   his   swift   and   careless   glance   flushed

вся   до   ушей.   Анна   Сергеевна   покачала   головой.
entirely   to   (the) ears   Anna   Sergeyevna   shook   (with the) head

— Деревья   в   лесу,   —   повторила   она.   —   Стало
   Trees   in   (the) forest   repeated   she   Stood
     Wouldn't there

быть,   по-вашему,   нет   разницы   между   глупым   и   умным
to be   on-you   not   (a) difference   between   (a) silly   and   (a) wise
be   according to you

человеком,   между   добрым   и   злым?
man   between   good   and   evil

— Нет,   есть: как   между   больным   и   здоровым.
   No   (there) is   as   between   patients   and   healthy (people)

Легкие   у   чахоточного   не   в   том   положении,   как   у   нас
Lungs   with   consumption   not   in   that   position   like   with   us

с вами, хоть устроены одинаково. Мы
with you even though arranged equally We

приблизительно знаем, отчего происходят телесные недуги;
approximately know why occur corporeal ailments

а нравственные болезни происходят от дурного
and moral disease occurs from bad

воспитания, от всяких пустяков, которыми сызмала
education from all sort of nonsense which from childhood

набивают людские головы, от безобразного состояния
(they) stuffed (in) people's heads from (the) formless state
the ugly

общества, одним словом. Исправьте общество, и болезней
(of) society one word Correct society and diseases

не будет.
not (there) will be

Базаров говорил все это с таким видом, как будто в то
Bazarov said all this with such (a) look as if in this

же время думал про себя: «Верь мне или не
same time (he) thought about himself Believe to me or not

верь, это мне все едино!» Он медленно проводил своими
trust this to me all one He slowly passed his
equal

длинными пальцами по бакенбардам, а глаза его
long fingers on (his) sideburns and (the) eyes him

бегали по углам.
ran to (the) corners

— И вы полагаете, — промолвила Анна Сергеевна, —
And you believe said Anna Sergeyevna

что, когда общество исправится, уже не будет ни
that when society mends itself already not (there) will be no
                is mended

глупых, ни злых людей?
stupid no evil people

— По крайней мере, при правильном устройстве
On extreme measure with (the) right device

общества совершенно будет равно, глуп ли человек
society completely will be (the) same foolish whether man

или умен, зол или добр.
or wise mean or kind

— Да, понимаю; у всех будет одна и та же
Yes understand with all will be one and that same

селезенка.
spleen

— Именно так-с, сударыня.
Exactly so madam

Одинцова обратилась к Аркадию.
Odintsova turned to Arkady

— А ваше какое мнение, Аркадий Николаевич?
And yours what opinion Arkady Nikolayevich

— Я согласен с Евгением, — отвечал он.
I agree with Eugene answered he

Катя поглядела на него исподлобья.
Katya looked at him from under the eyebrows

— Вы меня удивляете, господа, — промолвила Одинцова,
You me surprise gentlemen said Odintsova

— но мы еще с вами потолкуем. А теперь, я слышу,
but we still with you let's talk And now I hear

тетушка идет чай пить; мы должны пощадить ее уши.
aunt goes tea to drink we must spare her (the) ears

Тетушка Анны Сергеевны, княжна Х...я, худенькая и
Aunt (of) Anna Sergeyevna princess H..ya (a) skinny and

маленькая женщина с сжатым в кулачок лицом и
small woman with (a) squeezed in kulak face and
peasant's

неподвижными злыми глазами под седою накладкой,
unmoving mean eyes under (a) gray hairpiece

вошла и, едва поклонившись гостям, опустилась в
entered and hardly bowing herself (to the) guests let down herself in

широкое бархатное кресло, на которое никто, кроме ее, не
(a) broad velvet armchair on which nobody besides her not

имел права садиться. Катя поставила ей скамейку
had (the) right to sit down Katya put her (a) little bench

под ноги; старуха не поблагодарила ее, даже не
under (the) legs (the) old woman not thanked her even not

взглянула на нее, только пошевелила руками под
looked at her only moved (her) arms under

желтою   шалью,   покрывавшею   почти   все   ее   тщедушное
(the) yellow   shawl   covering   almost   all   her   puny

тело.   Княжна   любила   желтый   цвет: у   ней   и   на
body   (The) princess   loved   (the) yellow   color   with   her   also   on

чепце   были   ярко-желтые   ленты.
(the) cap   were   bright yellow   ribbons

— Как   вы   почивали,   тетушка?   — спросила   Одинцова,
How   you   rested   aunt   asked   Odintsova,

возвысив   голос.
raising   (her) voice

— Опять   эта   собака   здесь,   — проворчала   в   ответ
Again   this   dog   here   grumbled   in   answer

старуха   и,   заметив,   что   Фифи   сделала   два
(the) old woman   and   noticing   that   Fifi   made   two

нерешительные   шага   в   ее   направлении,   воскликнула: —
indecisive   steps   in   her   direction   exclaimed

Брысь,   брысь!
Shoo   shoo

Катя   позвала   Фифи   и   отворила   ей   дверь.
Katya   called   Fifi   and   opened   her   (the) door

Фифи   радостно   бросилась   вон,   в   надежде,   что   ее   поведут
Fifi   joyfully   rushed   there   in   (the) hope   that   her   (they) lead

гулять,   но,   оставшись   одна   за   дверью,
to walk   but   after remaining   alone   behind   (the) door

начала скрестись и повизгивать. Княжна нахмурилась, Катя
began to scratch and whine Princess frowned Katya

хотела было выйти…
wanted was to go out

— Я думаю, чай готов? — промолвила Одинцова. —
I think tea (is) ready said Odintsova

Господа, пойдемте; тетушка, пожалуйте чай кушать.
Gentlemen let's go aunt please tea to have

Княжна молча встала с кресла и первая вышла
Princess silently got up from (the) armchair and (the) first left

из гостиной. Все отправились вслед за ней в
from (the) drawing-room All set off behind after her in

столовую. Казачок в ливрее с шумом отодвинул
(the) dining room (A) cossack in livery with noise pulled back

от стола обложенное подушками, также заветное,
from (the) table (the) encased with pillows also cherished

кресло, в которое опустилась княжна; Катя,
armchair in which set herself down (the) princess Katya

разливавшая чай, первой ей подала чашку с
pouring (the) tea (the) first her handed (a) cup with

раскрашенным гербом. Старуха положила себе
painted heraldic crest (the) old woman put herself

мед в чашку (она находила, что пить чай с
honey in (the) cup she found that to drink tea with

сахаром   и   грешно   и   дорого,   хотя   сама   не   тратила
sugar   also   (is) sinful   and   expensive   although   herself   not   spent

копейки   ни   на   что)   и   вдруг   спросила   хриплым
kopecks   not   on   that   and   suddenly   asked   (in a) hoarse

голосом:
voice

— А   что   пишет   кнесь   Иван?
And   what   writes   prince   Ivan

Ей   никто   не   отвечал.   Базаров   и   Аркадий   скоро
Her   nobody   -not-   answered   Bazarov   and   Arkady   soon

догадались,   что   на   нее   не   обращали   внимания,   хотя
guessed   that   on   her   not   (they) turned   (their) attention   although

обходились   с   нею   почтительно.   «Для   ради
(they) treated   with   her   respectful   For   the sake

важности   держат,   потому   что   княжеское
(of her) importance   (they) hold   therefore   that   (she is a) princely

отродье»,   —   подумал   Базаров...   После   чаю   Анна
brat   thought   Bazarov   After   (of) tea   Anna

Сергеевна   предложила   пойти   гулять;   но   стал   накрапывать
Sergeyevna   offered   to go   to walk   but   started   to drizzle

дождик,   и   все   общество,   за   исключением   княжны,
rain   and   all   society   for with   exception   (of the) princess

вернулось   в   гостиную.   Приехал   сосед,   любитель
returned   in   (the) drawing room   Arrived   (the) neighbor   (a) lover

карточной игры, по имени Порфирий Платоныч,
(of the) card game by (the) name (of) Porfiry Platonich

толстенький седенький человек с коротенькими, точно
(a) fat gray man with short as if

выточенными ножками, очень вежливый и смешливый.
chiseled little legs very polite and giggly

Анна Сергеевна, которая разговаривала все больше с
Anna Sergeyevna who talked all more with

Базаровым, спросила его — не хочет ли он сразиться
Bazarov asked him not wants whether he to contend

с ними по-старомодному в преферанс. Базаров
with him old-fashionedly in preference Bazarov
                                        (card game)

согласился, говоря, что ему надобно заранее
agreed saying that to him (it) is necessary in advance

приготовиться к предстоящей ему должности уездного
to prepare himself to forthcoming to him duty (as) county

лекаря.
healer

— Берегитесь, — заметила Анна Сергеевна, — мы с
Guard yourself noticed Anna Sergeyevna we with
Beware

Порфирием Платонычем вас разобьем. А ты, Катя, —
Porfiry Platonych you smash And you Katya

прибавила она, — сыграй что-нибудь Аркадию
added she play something (for) Arkady

Николаевичу; он любит музыку, мы   кстати   послушаем.
Nikolayevich   he   loves   music   we   by the way   will listen to (it)

Катя   неохотно   приблизилась   к   фортепьяно;   и   Аркадий,
Katya   reluctantly   approached   to   (the) piano   and   Arkady

хотя   точно   любил   музыку,   неохотно   пошел   за   ней:
although   indeed   (he) loved   music   reluctantly   went   after   her

ему   казалось,   что   Одинцова   его   отсылает,   а   у   него
to him   (it) seemed   that   Odintsova   him   sends away   and   with   him

на   сердце,   как   у   всякого   молодого   человека   в   его
on   (the) heart   as   with   every   young   man   in   his

годы,   уже   накипало   какое-то   смутное   и   томительное
years   already   seethed   some   vague   and   languid
age

ощущение,   похожее   на   предчувствие   любви.   Катя   подняла
feeling   similar   to   (a) premonition   (of) love   Katya   raised

крышку   фортепьяно   и,   не   глядя   на   Аркадия,   промолвила
(the) cover   (of the) piano   and   not   looking   at   Arkady   said

вполголоса:
in half voice
(in a low voice)

— Что   же   вам   сыграть?
What   then   to you   to play

— Что   хотите, — равнодушно   ответил   Аркадий.
What   (you) want   indifferently   answered   Arkady

— Вы   какую   музыку   больше   любите? — повторила   Катя,
You   which   music   most   love   repeated   Katya

не переменяя положения.
not changing position

— Классическую, — тем же голосом ответил Аркадий.
Classical with that same voice answered Arkady

— Моцарта любите?
Mozart (you) love

— Моцарта люблю.
Mozart (I) love

Катя достала це-мольную сонату-фантазию Моцарта. Она
Katya took (the) c-mol fantasy sonata (of) Mozart She

играла очень хорошо, хотя немного строго и сухо. Не
played very good although a little strictly and drily Not

отводя глаз от нот и крепко стиснув губы,
diverting (the) eyes from (the) notes and strongly pressing (the) lips
the sheet music

сидела она неподвижно и прямо, и только к концу
sat she motionless and directly and only to (the) end

сонаты лицо ее разгорелось и маленькая прядь
(of the) sonata (the) face (of) her flared up and (a) small strand

развившихся волос упала на темную бровь.
of loose curly hair fell on (the) dark (of the) brow

Аркадия в особенности поразила последняя часть
Arkady in particular amazed (the) last part

сонаты, та часть, в которой, посреди
(of the) sonata that part in which (in the) middle

пленительной веселости беспечного напева, внезапно
(of) captivating cheerfulness (of the) careless chant suddenly

возникают порывы такой горестной, почти трагической
arise gusts of such sorrowful almost tragic

скорби... Но мысли, возбужденные в нем звуками
grief But (the) thoughts excited in him (by the) sounds

Моцарта, относились не к Кате. Глядя на нее, он только
(of) Mozart related not to Katya Looking at her he only

подумал: «А ведь недурно играет эта барышня, и сама
thought But indeed not bad plays this lady and herself

она недурна».
she is not bad

Кончив сонату, Катя, не принимая рук с
Finishing (the) sonata Katya not taking off (the) hands from

клавишей, спросила: «Довольно?» Аркадий объявил, что не
(the) keys asked Enough Arkady declared that not

смеет утруждать ее более, и заговорил с ней о
(he) dares trouble her more and spoke with her about

Моцарте; спросил ее — сама ли она выбрала эту
Mozart asked her herself whether she selected this

сонату, или кто ей ее отрекомендовал? Но Катя отвечала
sonata or who her her recommended But Katya answered

ему односложно: она спряталась, ушла в себя. Когда
to him monosyllabically she hid herself went out into herself When

это с ней случалось, она нескоро выходила наружу;
this with her happened she not soon came out outside

самое ее лицо принимало тогда выражение упрямое,
same her face hosted then (an) expression obstinate
even

почти тупое. Она была не то что робка, а недоверчива
almost dumb She was not then that timid and distrustful

и немного запугана воспитавшею ее сестрой, чего,
and a little intimidated (by the) education of her sister who

разумеется, та и не подозревала. Аркадий кончил
(one can) understand that also not suspected Arkady finished

тем, что, подозвав возвратившуюся Фифи, стал для
with that what beckoned (the) returned Fifi started for

контенансу, с благосклонною улыбкой, гладить ее по
content with benevolent smile to pet her on

голове. Катя опять взялась за свои цветы.
(the) head Katya again engaged herself behind her flowers

А Базаров между тем ремизился да ремизился. Анна
And Bazarov between that remised yes remised Anna
lost and lost

Сергеевна играла мастерски в карты, Порфирий Платоныч
Sergeyevna played masterfully in cards Porfiry Platonich

тоже мог постоять за себя. Базаров остался в
also could stand for himself Bazarov remained in

проигрыше хотя незначительном, но все-таки не
defeat although insignificant but all-so not
(nonetheless)

совсем для него приятном. За ужином Анна Сергеевна
entirely for him pleasant For supper Anna Sergeyevna

снова завела речь о ботанике.
again started (the) talk about botany

— Пойдемте гулять завтра поутру, — сказала она
Let's go to walk tomorrow (in the) morning said she

ему, — я хочу узнать от вас латинские названия
to him I want to find out from you (the) Latin titles

полевых растений и их свойства.
(of) field plants and their property
virtues

— На что вам латинские названия? — спросил Базаров.
For what to you Latin titles asked Bazarov

— Во всем нужен порядок, — отвечала она.
In all (is) needed order answered she

— Что за чудесная женщина Анна Сергеевна, —
What for magic woman Anna Sergeyevna

воскликнул Аркадий, оставшись наедине с своим
exclaimed Arkady after remaining alone with his

другом в отведенной им комнате.
friend in (of the) allotted to them room

— Да, — отвечал Базаров, — баба с мозгом. Ну, и
Yes answered Bazarov woman with brains Well and

видала же она виды.
saw then she sights

— В каком смысле ты это говоришь, Евгений Васильич?
In   what   thought you this   say   Eugene   Vasilich

— В хорошем смысле, в хорошем, батюшка вы мой,
In   good   thought in   good   father   you   my

Аркадий Николаич! Я уверен, что она и своим
Arkady   Nikolaich   I am convinced that she and   her

имением отлично распоряжается. Но чудо — не она,
estate   very well   disposes   But (the) miracle   not she

а ее сестра.
but her   sister

— Как? эта смугленькая?
How   this   swarthy thing

— Да, эта смугленькая. Это вот свежо, и нетронуто, и
Yes this swarthy thing This here fresh and   intact   and

пугливо, и молчаливо, и все что хочешь. Вот кем
fearful and   tacit   and all that (you) want Here with whom

можно заняться. Из этой еще что вздумаешь,
possible to keep oneself busy From this still what (you) contemplate

то и сделаешь; а та — тертый калач.
then also (you) make but that one   kneaded kalach
(slavic bread)

Аркадий ничего не отвечал Базарову, и каждый из них
Arkady nothing not answered Bazarov and each from them

лег спать с особенными мыслями в голове.
lay to sleep with particular   thoughts in (the) head

И Анна Сергеевна в тот вечер думала о своих
And Anna Sergeyevna in that evening thought about their

гостях. Базаров ей понравился — отсутствием кокетства
guest Bazarov to her was pleasant absent coquetries

и самою резкостью суждений. Она видела в нем
and itself abruptness (of) judgments She saw in him

что-то новое, с чем ей не случалось встретиться, а
something new with what her not (it) happened to meet and

она была любопытна.
she was curious

Анна Сергеевна была довольно странное существо. Не
Anna Sergeyevna was (a) rather strange creature Not

имея никаких предрассудков, не имея даже никаких
having no prejudices not having even no

сильных верований, она ни перед чем не отступала и
great beliefs she not for anything not retreated and

никуда не шла. Она многое ясно видела, многое ее
nowhere not went She many things clearly saw much her
for nothing

занимало, и ничто не удовлетворяло ее вполне; да
occupied and nothing not satisfied her completely yes

она едва ли и желала полного удовлетворения. Ее
she hardly whether also desired complete satisfaction Her

ум был пытлив и равнодушен в одно и то же
mind was inquisitive and indifferent in one and the same

время: ее сомнения не утихали никогда до забывчивости
time her doubt not subsided never to forgetfulness

и никогда не дорастали до тревоги. Не будь она богата
and never not outgrew to anxieties Not were she rich

и независима, она, быть может, бросилась бы в битву,
and independent she be may rushed would in battle

узнала бы страсть... Но ей жилось легко, хотя она
recognized would passion But her lived easily although she

и скучала подчас, и она продолжала провожать день
also was bored at times and she continued to see off day

за днем, не спеша и лишь изредка волнуясь.
after day not in a hurry and just occasionally worried

Радужные краски загорались иногда и у ней перед
Rainbow colors lit up sometimes also with her before

глазами, но она отдыхала, когда они угасали, и не
(the) eyes but she rested when they faded and not

жалела о них. Воображение ее уносилось даже за
pitied about them Imagination her drifted away even behind

пределы того, что по законам обыкновенной морали
(the) limits of that what on laws common morals

считается дозволенным; но и тогда кровь ее
is counted permissible but also then blood hers

по-прежнему тихо катилась в ее обаятельно стройном
as before quietly flowed in her charmingly slender

и спокойном теле. Бывало, выйдя из
and calm body (It) occurred having come out from

благовонной ванны, вся теплая и разнеженная, она
(a) fragrant bath entirely warm and relaxed she

замечтается о ничтожности жизни, об ее горе,
begins to dream about (the) insignificance (of) life about its grief

труде и зле... Душа ее наполнится внезапною смелостию,
labor and evil Soul her fills up suddenly (with) courage

закипит благородным стремлением; но сквозной ветер
boils (with) noble striving but (a) draughty wind

подует из полузакрытого окна, и Анна Сергеевна
blows from (the) half-closed window and Anna Sergeyevna

вся сожмется, и жалуется, и почти сердится, и
entirely shrinks into herself and grieves and almost gets angry and

только одно ей нужно в это мгновение: чтобы не
only one thing her necessary in this moment that-would not

дул на нее этот гадкий ветер.
blew on her this nasty wind

Как все женщины, которым не удалось полюбить, она
As all women who not managed to love she

хотела чего-то, сама не зная, чего именно. Собственно,
wanted something herself not knowing what exactly Strictly

ей ничего не хотелось, хотя ей казалось, что ей
to her nothing not was wanted although her (it) seemed that to her

хотелось всего. Покойного Одинцова она едва
was wanted everything (The) deceased Odintsova she hardly

выносила (она вышла за него по расчету, хотя она,
endured she left for him on calculation although she
married with prudence

вероятно, не согласилась бы сделаться его женой,
probably not agreed would to make herself his wife

если б она не считала его за доброго человека) и
if would she not counted him for (a) good man and

получила тайное отвращение ко всем мужчинам, которых
got (a) secret aversion to all men who

представляла себе не иначе как неопрятными,
represented themselves not otherwise as unkempt

тяжелыми и вялыми, бессильно докучливыми существами.
heavy and sluggish powerless pesky beings

Раз она где-то за границей встретила молодого,
Once she somewhere after (the) border met (a) young
over

красивого шведа с рыцарским выражением лица, с
beautiful Swede with chivalric expression face with

честными голубыми глазами под открытым лбом; он
honest blue eyes under (an) open forehead he

произвел на нее сильное впечатление, но это не
produced on her (a) strong impression but this not

помешало ей вернуться в Россию.
hindered her to return in Russia

«Странный человек этот лекарь?» — думала она, лежа в
Strange man this healer thought she lying in

своей великолепной постеле, на кружевных подушках, под
her splendid bed on lace pillows under

легким шелковым одеялом... Анна Сергеевна наследовала
(a) light silk blanket Anna Sergeyevna inherited

от отца частицу его наклонности к роскоши. Она
from (the) father particle (of) his inclinations to luxury She
　　　　　　　 the part

очень любила своего грешного, но доброго отца, а он
much loved her sinful but good father and he

обожал ее, дружелюбно шутил с ней, как с ровней,
adored her friendly joked with her as with (an) equal

и доверялся ей вполне, советовался с ней. Мать
and trusted her completely consulted himself with her Mother

свою она едва помнила.
hers she hardly remembered

«Странный этот лекарь!» — повторила она про себя. Она
Strange this healer repeated she for herself She

потянулась, улыбнулась, закинула руки за голову,
stretched herself smiled clasped (the) hands behind (the) head

потом пробежала глазами страницы две глупого
then ran (her) eyes (over) pages two (of a) foolish

французского романа, выронила книжку — и
French novel dropped (the) little book and

заснула, вся чистая и холодная, в чистом и
fell asleep entirely clean and cold in clean and

душистом белье.
fragrant linen

На следующее утро Анна Сергеевна тотчас после
On (the) following morning Anna Sergeyevna immediately after

завтрака отправилась ботанизировать с Базаровым и
breakfast set out to botanize with Bazarov and

возвратилась перед самым обедом; Аркадий никуда не
returned before itself lunch Arkady nowhere not

отлучался и провел около часа с Катей. Ему
absented himself and spent about (an) hour with Katya To him

не было скучно с нею, она сама вызвалась повторить
not was boring with her she herself volunteered to repeat

ему вчерашнюю сонату; но когда Одинцова возвратилась
to him yesterday's sonata but when Odintsova returned

наконец, когда он увидал ее — сердце в нем мгновенно
finally when he saw her (the) heart in him instantly

сжалось... Она шла по саду несколько усталою
ached She walked on (the) garden (with a) rather tired

походкой; щеки ее алели и глаза светились ярче
step cheeks her glowed and (the) eyes were lit brighter

обыкновенного под соломенною круглою шляпой.
(than) usual under (the) straw round hat

Она вертела в пальцах тонкий стебелек полевого цветка,
She turned in fingers (the) thin stem (of a) field little flower

легкая мантилья спустилась ей на локти, и широкие
(a) light mantilla descended her on (the) elbows and (the) wide

серые ленты шляпы прильнули к ее груди. Базаров шел
gray ribbons (of her) hat nestled to her bosom Bazarov went

сзади ее, самоуверенно и небрежно, как всегда, но
behind her confidently and carelessly as always but

выражение его лица, хотя веселое и даже ласковое,
expression of his face although happy and even affectionate

не понравилось Аркадию. Пробормотав сквозь зубы:
not appealed Arkady Muttering through (the) teeth

«Здравствуй!» — Базаров отправился к себе в комнату,
Hello Bazarov directed himself to himself in (the) room

а Одинцова рассеянно пожала Аркадию руку и
and Odintsova absent-mindedly shook Arkady (the) hand and

тоже прошла мимо его.
also passed by him

«Здравствуй, — подумал Аркадий... — Разве мы не
Hello thought Arkady Perhaps we not

виделись сегодня?»
saw each other today

XVII
Chapter 17

Время (дело известное) летит иногда птицей, иногда
Time (a) matter well known flies sometimes (like a) bird sometimes

ползет червяком; но человеку бывает особенно хорошо
crawls (like a) worm but (to a) man (it) happens especially good

тогда, когда он даже не замечает — скоро ли, тихо
then when he even not notices quickly whether quietly slowly

ли оно проходит. Аркадий и Базаров именно таким
whether it passes Arkady and Bazarov exactly (in) such

образом провели дней пятнадцать у Одинцовой. Этому
(a) manner spent days fifteen with Odinetsova To this

отчасти способствовал порядок, который она завела у
partly contributed (the) order which she started with established

себя в доме и в жизни. Она строго его
herself in (the) house and in life She strictly it

придерживалась и заставляла других ему покоряться.
adhered to and forced others to it submit themselves

Все в течение дня совершалось в известную пору.
All in (the) course (of a) day was happening in known order

Утром, ровно в восемь часов, все общество
(In the) morning exactly in eight hours all society
at o'clock

собиралось к чаю; от чая до завтрака всякий делал
gathered for tea from tea to breakfast everyone did

что хотел, сама хозяйка занималась с
what (she) wanted herself (the) mistress busied herself with

приказчиком (имение было на оброке), с дворецким,
(the) clerk (the) estate was on rent with (the) butler

с главною ключницей. Перед обедом общество опять
with (the) main key-woman Before lunch society again
housekeeper

сходилось для беседы или для чтения; вечер
converged for conversations or for readings (the) evening

посвящался прогулке, картам, музыке; в половине
was dedicated (for) walks cards music in half
at

одиннадцатого Анна Сергеевна уходила к себе в комнату,
eleven Anna Sergeyevna went out to herself in (the) room

отдавала приказания на следующий день и ложилась
gave orders on (the) following day and laid down

спать. Базарову не нравилась эта размеренная, несколько
to sleep Bazarov not appealed this measured somewhat

торжественная правильность ежедневной жизни; «как по
ostentatious punctuality (of) daily life as on

рельсам катишься», — уверял он: ливрейные лакеи,
rails rolling assured he (the) liveried footmen

чинные дворецкие оскорбляли его
(the) dignified butlers insulted his

демократическое чувство. Он находил, что уж если на
democratic feeling He found that already if on

то пошло, так и обедать следовало бы по-английски,
this (it) went so also to dine (it) followed would (of) English

во фраках и в белых галстухах. Он однажды
in tailcoats and in white ties He once

объяснился об этом с Анной Сергеевной. Она так
explained himself about this with Anna Sergeyevna She so

себя держала, что каждый человек, не обинуясь,
herself held that every person not resenting
hesitating

высказывал перед ней свои мнения. Она выслушала его и
expressed before her his opinion She heard out him and
should express

промолвила: «С вашей точки зрения, вы правы — и,
said With your points (of) vision you (are) right and

может быть, в этом случае, я — барыня; но в деревне
may be in this case I am a lady but in (the) village

нельзя жить беспорядочно, скука одолеет», — и
impossible to live haphazardly boredom will prevail and

продолжала делать по-своему. Базаров ворчал, но и
(she) continued to act in her own way Bazarov grumbled but also

ему и Аркадию оттого и жилось так легко у
to him and Arkady from this also lived so easily with

Одинцовой, что все в ее доме «катилось как по
Odinetsova that all in her house rolled as on

рельсам». Со всем тем в обоих молодых людях, с
rails   With all that in both young people from

первых же дней их пребывания в Никольском,
(the) first very days of their stay in Nikolsky

произошла перемена. В Базарове, к которому Анна
occurred change In Bazarov to whom Anna

Сергеевна очевидно благоволила, хотя редко с ним
Sergeyevna obviously favored although rarely with him

соглашалась, стала проявляться небывалая прежде
agreed started to manifest itself (the) unprecedented before

тревога, он легко раздражался, говорил нехотя, глядел
uneasiness he easily got annoyed spoke unwillingly reluctantly looked

сердито и не мог усидеть на месте, словно что его
angrily and not could sit down in (one) place as if that him

подмывало; а Аркадий, который окончательно сам с
tempted and Arkady which definitively self with

собой решил, что влюблен в Одинцову, начал
himself decided that (he was) in love in Odinzova began

предаваться тихому унынию. Впрочем, это уныние
to indulge (in a) quiet despondency However this despondency

не мешало ему сблизиться с Катей; оно даже
not prevented to him get closer himself with Katya it even

помогло ему войти с нею в ласковые, приятельские
helped to him to enter with her in affectionate friendly

отношения. «Меня она не ценит! Пусть?.. А вот
relations To me she not appreciates Let (her) And here
So?

доброе существо меня не отвергает», — думал он, и
(is a) good creature (who) me not rejects thought he and

сердце его снова вкушало сладость великодушных
(the) heart him again savored (the) sweetness (of) generous

ощущений. Катя смутно понимала, что он искал
feelings Katya vaguely understood that he searched for

какого-то утешения в ее обществе, и не отказывала ни
some-then consolations in her company and not refused not

ему, ни себе в невинном удовольствии полустыдливой,
to him not herself in innocent pleasure half ashamed

полудоверчивой дружбы. В присутствии Анны Сергеевны
half confident friendship In presence (of) Anna Sergeyevna

они не разговаривали между собою: Катя всегда
they not talked between themselves Katya always

сжималась под зорким взглядом сестры, а Аркадий,
shrunk under (the) sharp glance (of her) sister and Arkady

как оно и следует влюбленному человеку, вблизи своего
as it also follows (an) in love being man near his
suits

предмета уже не мог обращать внимание ни на что
item (of love) already not could turn attention not on what
anything

другое; но хорошо ему было с одной Катей. Он
other but good to him was with alone Katya He
else

чувствовал, что не в силах занять Одинцову; он
felt that (he was) not in forces to interest Odinzova he

робел и терялся, когда оставался с ней наедине; и
got shy and lost when remained with her alone and

она не знала, что ему сказать: он был слишком для нее
she not knew what to him to say he was too for her too young

молод. Напротив, с Катей Аркадий был как дома;
young On (the) contrary with Katya Arkady was like at home

он обращался с ней снисходительно, не мешал ей
he addressed himself with her condescendingly not hindered her

высказывать впечатления, возбужденные в ней музыкой,
to speak out (her) impressions aroused in her (by) music

чтением повестей, стихов и прочими пустяками, сам
(by) reading stories poems and other trifles himself

не замечая или не сознавая, что эти пустяки и его
not noting or not realizing that these trifles also him

занимали. С своей стороны, Катя не мешала ему
interested From her side Katya not hindered him

грустить. Аркадию было хорошо с Катей, Одинцовой —
to grieve Arkady was good with Katya Odinetsova

с Базаровым, а потому обыкновенно случалось так:
with Bazarov and therefore usually (it) happened so

обе парочки, побыв немного вместе, расходились
both couples having been a little together separated

каждая в свою сторону, особенно во время прогулок. Катя
each in their side especially in time (of) walks Katya

обожала природу, и Аркадий ее любил, хоть и не
(she) adored nature and Arkady her loved although also not

смел признаться в этом; Одинцова была к ней довольно
dared to admit in this Odintsova was to her rather
(nature)

равнодушна, так же как и Базаров. Почти постоянное
indifferent so then like also Bazarov (The) almost constant

разъединение наших приятелей не осталось без
disconnection (of) our friends not remained without

последствий: отношения между ними стали меняться.
implications (the) relations between them started to change

Базаров перестал говорить с Аркадием об Одинцовой,
Bazarov stopped to talk with Arkady about Odinetsova

перестал даже бранить ее «аристократические замашки»;
stopped even to scold her aristocratic manners

правда, Катю он хвалил по-прежнему и только советовал
true Katya he praised as before and only advised

умерять в ней сентиментальные наклонности, но похвалы
to moderate in her (any) sentimental inclinations but praises

его были торопливы, советы сухи, и вообще он с
his were hurried advices dry and generally he with

Аркадием беседовал гораздо меньше прежнего... он
Arkady chatted much less than before he

как будто избегал, как будто стыдился его…
as if avoided as if was ashamed (of himself) (with) him

Аркадий все это замечал, но хранил про себя свои
Arkady all this noticed but kept for himself his

замечания.
remarks

Настоящею причиной всей этой «новизны» было чувство,
(The) real cause of all this newness was (the) feeling

внушенное Базарову Одинцовой, — чувство, которое его
inspired (in) Bazarov (by) Odinetsova (a) feeling which him

мучило и бесило и от которого он тотчас
tormented and infuriated and from which he immediately

отказался бы с презрительным хохотом и
refused himself would with contemptuous laugh and

циническою бранью, если бы кто-нибудь хотя отдаленно
cynical profanity if would somebody even remotely

намекнул ему на возможность того, что в нем
hinted to him on (the) possibility of this what in him

происходило. Базаров был великий охотник до женщин и
happened Bazarov was (a) great hunter to women and

до женской красоты, но любовь в смысле идеальном, или,
to female beauty but love in thought perfect or

как он выражался, романтическом, называл белибердой,
as he expressed romantic (he) called gibberish

непростительною дурью, считал рыцарские чувства
unforgivable dope (he) counted chivalric feelings

чем-то вроде уродства или болезни и не однажды
(as) some kind of uglinesses or disease and not once

выражал свое удивление: почему не посадили в желтый
expressed his surprise why not locked up in (the) yellow
the mad-

дом Тоггенбурга со всеми миннезингерами и
house Toggenburg with all (the) minnesingers and

трубадурами? «Нравится тебе женщина, — говаривал он,
troubadours Pleases to you (a) woman said he
would say

— старайся добиться толку; а нельзя — ну, не
try to get yourself use (out of it) and impossible well not

надо, отвернись — земля не клином сошлась».
necessary turn away (the) earth not in one point came together

Одинцова ему нравилась: распространенные слухи о
Odintsova to him appealed (the) widespread rumors about

ней, свобода и независимость ее мыслей, ее
her freedom and independence her thoughts her

несомненное расположение к нему — все, казалось,
undoubted disposition to him all (it) seemed

говорило в его пользу; но он скоро понял, что с
told in him benefit but he soon understood that with

ней «не добьешься толку», а отвернуться от нее
her not (he) will get himself use and turn away from her

он, к изумлению своему, не имел сил. Кровь его
he to consternation of himself not had forces Blood him

загоралась, как только он вспоминал о ней; он легко
burned as only he remembered about her he easily

сладил бы с своею кровью, но что-то другое в
harmonized would with his blood but something other in

него вселилось, чего он никак не допускал, над чем
him infiltrated of what he in no way not allowed over what

всегда трунил, что возмущало всю его гордость. В
always (he) joked that angered all his pride In

разговорах с Анной Сергеевной он еще больше
talks with Anna Sergeyevna he still more

прежнего высказывал свое равнодушное презрение ко
than previous expressed his indifferent contempt to

всему романтическому; а оставшись наедине, он с
(the) whole romanticism and after remaining alone he with

негодованием сознавал романтика в самом себе.
indignation became aware (of the) romance in (his) very self

Тогда он отправлялся в лес и ходил по нем
Then he departed in (the) forest and walked by his

большими шагами, ломая попадавшиеся ветки и браня
large steps breaking caught branches and scolding

вполголоса и ее и себя; или забирался на сеновал, в
in half voice and her and himself or (he) climbed on hayloft in
(in a low voice)

сарай, и, упрямо закрывая глаза, заставлял себя спать,
(a) shed and directly covering (the) eyes made himself to sleep

что ему, разумеется, не всегда удавалось. Вдруг
that to him (one can) understand not always succeeded Suddenly

ему представится, что эти целомудренные руки
to him imagines himself that these chaste arms

когда-нибудь обовьются вокруг его шеи, что эти гордые
sometime one day wrap around his neck that these proud

губы ответят на его поцелуи, что эти умные глаза с
lips respond at his kisses that these smart eyes with

нежностью — да, с нежностью остановятся на его
tenderness yes with tenderness stop themselves on his

глазах, и голова его закружится, и он забудется
eyes and (the) head his swirls and he will forget himself

на миг, пока опять не вспыхнет в нем негодование.
for (a) moment while again not erupts in him indignation

Он ловил самого себя на всякого рода «постыдных»
He caught him self on every kind (of) shameful

мыслях, точно бес его дразнил. Ему казалось иногда,
thoughts as if (a) devil him mocked To him (it) seemed sometimes

что и в Одинцовой происходит перемена, что в
that also in Odinetsova goes on change that in

выражении ее лица проявлялось что-то особенное,
(the) expression (of) her face manifested something special

что, может быть... Но тут он обыкновенно топал ногою
that may be But here he usually stomped (the) leg

или скрежетал зубами и грозил себе кулаком.
or grinded (the) teeth and threatened himself (with the) fist

А между тем Базаров не совсем ошибался. Он поразил
And between that Bazarov not entirely erred He struck

воображение Одинцовой; он занимал ее, она много о
(a) fancy (with) Odinetsova he occupied her she much about

нем думала. В его отсутствие она не скучала, не ждала
him thought In his absence she not was bored not awaited

его, но его появление тотчас ее оживляло; она охотно
him but his emergence immediately her revitalized she willingly

оставалась с ним наедине и охотно с ним
remained with him alone and willingly with him

разговаривала, даже тогда, когда он ее сердил или
talked even then when he her angered or

оскорблял ее вкус, ее изящные привычки. Она как будто
insulted her taste her elegant habits She as if

хотела и его испытать, и себя изведать.
wanted also him try out and herself to get to know

Однажды он, гуляя с ней по саду, внезапно
Once he strolling with her on (the) garden suddenly

промолвил угрюмым голосом, что намерен скоро
uttered (with a) sullen voice that (he has) intent (to) soon

уехать в деревню, к отцу... Она побледнела, словно ее
leave in (the) village to (the) father She got pale as if her

что в сердце кольнуло, да так кольнуло, что она
something in (the) heart stung yes so stung that she

удивилась и долго потом размышляла о том, что
was surprised and long then thought about that what

бы это значило. Базаров объявил ей о своем отъезде
would this meant Bazarov declared her about his departure

не с мыслию испытать ее, посмотреть, что из этого
not with thought to try out her to see what from this

выйдет: он никогда не «сочинял». Утром того дня
will go out he never not fabricated (In the) morning of that day

он виделся с отцовским приказчиком, бывшим своим
he saw himself with (his) father's clerk former his

дядькой, Тимофеичем. Этот Тимофеич, потертый и
uncle Timofeitch This Timofeitch (a) shabby and
caretaker

проворный старичок, с выцветшими желтыми волосами,
nimble old man with faded yellow hair

выветренным, красным лицом и крошечными слезинками
weathered red face and tiny tears

в съеженных глазах, неожиданно предстал перед Базаровым
in (the) eaten eyes unexpectedly appeared before Bazarov
shrunken

в своей коротенькой чуйке
in his short overcoat

из толстого серо-синеватого сукна, подпоясанный
from (of) fat grayish-blue cloth girt

ременным обрывочком и в дегтярных сапогах.
(with a) belt (of a) scrap (of leather) and in tar boots

— А, старина, здравствуй! — воскликнул Базаров.
Ah old one hello exclaimed Bazarov

— Здравствуйте, батюшка Евгений Васильевич, — начал
Hello little father Eugene Vasilyevich began
old boy

старичок и радостно улыбнулся, отчего все лицо его
(the) old man and joyfully smiled from-what all face his

вдруг покрылось морщинами.
suddenly was covered with wrinkles

— Зачем пожаловал? За мной, что ль, прислали?
Why visited For me what maybe (they) sent

— Помилуйте, батюшка, как можно! — залепетал Тимофеич
Have mercy little father as possible babbled Timofeitch
old boy

(он вспомнил строгий наказ, полученный от барина
he recalled (the) severe precept received from (the) lord
his master

при отъезде). — В город по господским делам ехали
with departure In (the) city on (the) lordly business (they) went

да про вашу милость услыхали, так вот и завернули по
yes about your mercy heard so here also returned on

пути, то есть — посмотреть на вашу милость... а то
roads that is to see on your mercy and then

как же можно беспокоить!
how then possible to calm down

— Ну, не ври, — перебил его Базаров. — В город
Well not lie interrupted him Bazarov In (the) city

тебе разве здесь дорога?
to you perhaps here (the) road

Тимофеич помялся и ничего не отвечал.
Timofeitch crumpled and nothing not answered

— Отец здоров?
(The) father healthy

— Слава Богу-с.
Glory god-sir

— И мать?
And (the) mother

— И Арина Власьевна, слава тебе, Господи.
And Arina Vladyevna glory to you Lord

— Ждут меня небось?
(They) await me (I) suppose

Старичок склонил набок свою крошечную головку.
(The) old man bowed sideways his tiny little head

— Ах, Евгений Васильевич, как не ждать-то-с! Верите
Ah Eugene Vasilyevich how not to wait-then-sir Believe

ли Богу, сердце изныло на родителей на ваших
whether (to) god (the) heart weary on (the) parents at yours

глядючи.
looking

— Ну, хорошо, хорошо! не расписывай. Скажи им, что
Well good good not spell it out Say them that

скоро буду.
soon will

— Слушаю-с, — со вздохом отвечал Тимофеич.
(I) hear (you) sir with (a) sigh answered Timofeich

Выйдя из дома, он обеими руками
Having come out from (the) house he (with) both (his) hands

нахлобучил себе картуз на голову, взобрался на убогие
swatted himself (the) cap on (the) head climbed on wretched

беговые дрожки, оставленные им у ворот, и
running droshky abandoned (by) him at (the) gate and
the little carriage

поплёлся рысцой, только не в направлении города.
trudged off (on a) trot only not in direction (of the) town

Вечером того же дня Одинцова сидела у себя в
(in the) evening of that same day Odintsova sat with himself in

комнате с Базаровым, а Аркадий расхаживал по
(the) room with Bazarov and Arkady walked in

зале и слушал игру Кати. Княжна
(the) large room and listened (to the) play (of) Katya (The) princess

ушла к себе наверх; она вообще терпеть не могла
left to herself upstairs she generally to endure not could

гостей, и в особенности этих «новых оголтелых», как
(the) guests and in especially these new unbridled ones as

она их называла. В парадных комнатах она только
she them called In (the) ceremonial rooms she only

дулась; зато у себя, перед своею горничной, она
sulked instead with herself before her maid she

разражалась иногда такою бранью, что чепец прыгал
erupted sometimes (in) such profanity that (her) bonnet hopped

у ней на голове вместе с накладкой. Одинцова все
with her on (the) head together with (the) hairpiece Odintsova all

это знала.
this knew

— Как же это вы ехать собираетесь, — начала она, —
How then this you to go intend began she

а обещание ваше?
and promise yours

Базаров встрепенулся.
Bazarov perked up

— Какое-с?
How-m'lady

— Вы забыли? Вы хотели дать мне несколько уроков
You forgot You wanted give to me several lessons

химии.
(in) chemistry

— Что делать-с! Отец меня ждет; нельзя мне
What to do-m'lady (The) father me awaits impossible to me

больше мешкать. Впрочем, вы можете прочесть Pelouse
more to procrastinate However you can read Pelouse

et Frémy, Notions générales de Chimie; книга хорошая
and Frémy Notions general of Chemistry (the) book (is) good
(French)

и написана ясно. Вы в ней найдете все, что нужно.
and written clear You in her find all that (is) necessary

— А помните: вы меня уверяли, что книга
And (do you) remember you me were convinced that (a) book

не может заменить… я забыла, как вы выразились, но
not can change I forgot how you expressed yourself but

вы знаете, что я хочу сказать… помните?
you know what I want to say (do you) remember

— Что делать-с! — повторил Базаров.
What to do-m'lady repeated Bazarov

— Зачем ехать? — проговорила Одинцова, понизив
Why to go spoke Odintsova lowering

голос.
(the) voice

Он взглянул на нее. Она закинула голову на спинку
He looked at her She clasped (the) head on (the) back

кресел и скрестила на груди руки, обнаженные
(of the) chair and crossed on (the) breast (the) arms bared

до   локтей.   Она   казалась   бледней   при   свете   одинокой
to (the) elbows She   seemed   paler   with (the) light (of a) single

лампы,   завешенной   вырезною   бумажной   сеткой.   Широкое
lamp   curtained   carving   paper   mesh   (A) broad

белое   платье   покрывало   ее   всю   своими   мягкими
white   dress   covered   her   all   with its   soft

складками;   едва   виднелись   кончики   ее   ног,   тоже
folds   hardly   were seen   (the) tips   of her   feet   also

скрещенных.
crossed

— А   зачем   оставаться? — отвечал   Базаров.
And   why   to stay   answered   Bazarov

Одинцова   слегка   повернула   голову.
Odintsova   slightly   turned   (the) head

— Как   зачем?   разве   вам   у   меня   не   весело.   Или   вы
How   why   perhaps   you   with   me   not   (are) happy   Or   you

думаете, что   об   вас   здесь   жалеть   не   будут?
think   that   about   you   here   to grieve   not   (they) will

— Я   в   этом   убежден.
I   in   this   (am) convinced

Одинцова   помолчала.
Odintsova   became silent

— Напрасно   вы   это   думаете. Впрочем,   я   вам   не   верю.
In vain   you   this   think   However   I   you   not   believe

Вы не могли сказать это серьезно. — Базаров продолжал
You not could say this seriously Bazarov continued

сидеть неподвижно. — Евгений Васильевич, что же вы
to sit motionless Eugene Vasilyevich what then you

молчите?
are quiet

— Да что мне сказать вам? О людях вообще жалеть
Yes what to me to say to you About people generally to grieve

не стоит, а обо мне подавно.
not stands and about me indeed

— Это почему?
This why

— Я человек положительный, неинтересный. Говорить не
I (am a) man positively uninteresting To talk not

умею.
(I) know how

— Вы напрашиваетесь на любезность, Евгений Васильевич.
You are begging for niceties Eugene Vasilyevich
are fishing compliments

— Это не в моих привычках. Разве вы не знаете сами,
This not in my habits Perhaps you not know yourself

что изящная сторона жизни мне недоступна, та
that (the) elegant side (of) life to me (is) unavailable that

сторона, которою вы так дорожите?
side which you so cherish

Одинцова покусала угол носового платка.
Odintsova bit (the) corner (of her) nose kerchief
of her hand-

— Думайте что хотите, но мне будет скучно, когда
Think what (you) want but to me (it) will be boring when

вы уедете.
you go away

— Аркадий останется, — заметил Базаров.
Arkady (there) will remain noted Bazarov

Одинцова слегка пожала плечом.
Odintsova slightly shrugged (with the) shoulder

— Мне будет скучно, — повторила она.
To me (it) will be boring repeated she

— В самом деле? Во всяком случае, долго вы скучать
In (the) very case In every case long you to be bored

не будете.
not will be

— Отчего вы так полагаете?
Why you so believe

— Оттого, что вы сами мне сказали, что скучаете
From that what you yourself to me said that (you) are bored

только тогда, когда ваш порядок нарушается. Вы так
only then when your order breaks down You so

непогрешительно правильно устроили вашу жизнь, что в
infallibly correct arranged your life that in

ней не может быть места ни скуке, ни тоске…
her not may be place neither (for) boredom nor (for) anguish

никаким тяжелым чувствам.
not any heavy feelings

— И вы находите, что я непогрешительна… то есть что
And you find that I (am) infallible that is that

я так правильно устроила свою жизнь?
I so correctly arranged my life

— Еще бы! Да вот, например: через несколько минут
Still would Yes here for example after several minutes

пробьет десять часов, и я уже наперед знаю, что вы
(it) strikes ten hours and I already in-advance know that you

прогоните меня.
chase out me

— Нет, не прогоню, Евгений Васильич. Вы
No not (I will) chase (you) away Eugene Vasilich You

можете остаться. Отворите это окно… мне что-то
can stay Open this window to me somewhat

душно.
oppressive

Базаров встал и толкнул окно. Оно разом со
Bazarov got up and pushed (the) window It at once with

стуком распахнулось… Он не ожидал, что оно так легко
(a) bang opened He not expected that it so easily

отворялось; притом его руки дрожали. Темная мягкая
opened besides him (the) hands trembled (The) dark soft

ночь глянула в комнату с своим почти черным небом,
night cast a look in (the) room with its almost black sky

слабо шумевшими деревьями и свежим запахом
weakly rustling trees and (with its) fresh smell
softly

вольного, чистого воздуха.
(of) free pure air

— Спустите стору и сядьте, — промолвила Одинцова,
Let down (the) blinds and sit down said Odintsova

— мне хочется поболтать с вами перед вашим
to me wants to chat with you before your

отъездом. Расскажите мне что-нибудь о самом себе;
departure Tell me something about same yourself

вы никогда о себе не говорите.
you never about yourself not speak

— Я стараюсь беседовать с вами о предметах
I try to converse with you about items

полезных, Анна Сергеевна.
(of) usefulness Anna Sergeyevna

— Вы очень скромны… Но мне хотелось бы узнать
You (are) very modest But to me (it's) wanted would to find out

что-нибудь о вас, о вашем семействе, о вашем
something about you about your family about your

отце, для которого вы нас покидаете.
father for which you us leave

«Зачем она говорит такие слова?» — подумал Базаров.
Why she says such words thought Bazarov

— Все это нисколько не занимательно, — произнес он
All this not a bit not entertaining pronounced he

вслух, — особенно для вас; мы люди темные…
aloud especially for you we (are) people dark

— А я, по-вашему, аристократка?
And I according to you (am an) aristocrat

Базаров поднял глаза на Одинцову.
Bazarov raised (the) eyes on Odinzova

— Да, — промолвил он преувеличенно резко.
Yes uttered he exaggeratedly sharply

Она усмехнулась.
She chuckled

— Я вижу, вы меня знаете мало, хотя вы и уверяете,
I see you me know little although you also assure

что все люди друг на друга похожи и что их
that all people each on (the) other look like and that them

изучать не стоит. Я вам когда-нибудь расскажу свою
to study not stands I to you sometime will tell my
is necessary

жизнь… но вы мне прежде расскажете свою.
life but you to me before you'll tell me yours

— Я вас знаю мало, — повторил Базаров. — Может быть,
I you know little repeated Bazarov Can be

вы правы; может быть, точно, всякий человек — загадка.
you (are) right can be as if every man (a) riddle

Да хотя вы, например: вы чуждаетесь общества, вы
Yes although you for example you yourself alienated (from) society you

им тяготитесь — и пригласили к себе на
(for) them hanker and invited to yourself on

жительство двух студентов. Зачем вы, с вашим умом, с
(the) lodging two students Why you with your wit with

вашею красотою, живете в деревне?
your beauty live in (the) village

— Как? Как вы это сказали? — с живостью подхватила
How How you this said with liveliness picked up

Одинцова. — С моей… красотой?
Odintsova With my beauty

Базаров нахмурился.
Bazarov frowned

— Это все равно, — пробормотал он, — я хотел
This all (the) same muttered he I wanted

сказать, что не понимаю хорошенько, зачем вы
to say that not (I) understand thoroughly why you

поселились в деревне?
settled in (the) village

— Вы   этого   не   понимаете… Однако   вы   объясняете   это
You   this   not   understand   However   you   explain   this

себе   как-нибудь?
yourself   somehow

— Да… я   полагаю, что   вы   постоянно   остаетесь   на   одном
Yes   I   suppose   that   you   constantly   remain   on   one

месте   потому, что   вы   себя   избаловали, потому, что   вы
place   therefore   that   you   yourself   spoiled   therefore   that   you

очень   любите   комфорт,   удобства,   а   ко   всему
very much   love   (the) comfort   convenience   and   to   (the) whole

остальному   очень   равнодушны.
rest   (are) very   indifferent

Одинцова   опять   усмехнулась.
Odintsova   again   chuckled

— Вы   решительно   не   хотите   верить,   что   я   способна
You   absolutely   not   want   to believe   that   I   (am) capable of

увлекаться?
to get carried away

Базаров   исподлобья   взглянул   на   нее.
Bazarov   from under the eyebrows   looked   at   her

— Любопытством   —   пожалуй; но   не   иначе.
Curiosity   perhaps   but   not   otherwise

— В   самом   деле? Ну,   теперь   я   понимаю,   почему   мы
In   (the) very   case   Well   now   I   understand   why   we

сошлись   с   вами; ведь   и   вы такой же, как я.
came together with you indeed also you such then as I

— Мы   сошлись… — глухо промолвил Базаров.
We came together muffled uttered Bazarov

— Да!.. ведь я забыла, что вы хотите уехать.
Yes indeed I forgot that you want to leave

Базаров   встал.   Лампа   тускло   горела   посреди
Bazarov got up (The) lamp dimly burned (in the) middle

потемневшей, благовонной, уединенной комнаты; сквозь
(of the) darkened luxurious isolated room through

изредка   колыхавшуюся   стору   вливалась
(the) occasionally rippling blinds flowed

раздражительная   свежесть   ночи,   слышалось   ее
(the) petulant freshness (of the) night was heard her

таинственное шептание. Одинцова не шевелилась ни одним
mysterious whispering Odintsova not stirred not one

членом, но тайное волнение охватывало ее понемногу…
member but (a) secret emotion encompassed her little by little

Оно сообщилось Базарову. Он вдруг почувствовал себя
It imparted itself to Bazarov He suddenly felt himself

наедине   с   молодою, прекрасной женщиной…
alone with (a) young beautiful woman

— Куда вы? — медленно проговорила она.
Where you slowly spoke she
Where are you going

Он ничего не отвечал и опустился на стул.
He nothing not answered and dropped on (a) chair

— Итак, вы считаете меня спокойным, изнеженным,
Thus you count me (a) calm pampered

избалованным существом, — продолжала она тем же
spoiled being continued she with that then

голосом, не спуская глаз с окна. — А я так
voice not letting (the) eyes from (the) window And I so

знаю о себе, что я очень несчастлива.
know about myself that I (am) very unhappy

— Вы несчастливы! Отчего? Неужели вы можете придавать
You unhappy Why Really you can attach

какое-нибудь значение дрянным сплетням?
some meaning (to) trashy gossip

Одинцова нахмурилась. Ей стало досадно, что он так ее
Odintsova frowned Her became annoying that he so her

понял.
understood

— Меня эти сплетни даже не смешат, Евгений
Me these gossips even not bother Eugene

Васильевич, и я слишком горда, чтобы позволить им
Vasilyevich and I (am) too proud what-would allow them
                                         to

меня беспокоить. Я несчастлива оттого... что нет во
to me to disturb I (am) unhappy from that that not in

мне	желания,	охоты	жить.	Вы	недоверчиво	на	меня
to me	(the) desire	(the) wish	to live	You	mistrustfully	at	me

смотрите,	вы	думаете:	это	говорит	«аристократка»,	которая
look	you	think	this	says	(an) aristocrat	who

вся	в	кружевах	и	сидит	на	бархатном	кресле.	Я	и
entirely	in	laces	also	sits	on	(a) velvet	chair	I	also

не	скрываюсь:	я	люблю	то,	что	вы	называете	комфортом,
not	hide itself / hide the fact	I	love	this	what	you	call	comfort

и	в	то	же	время	я	мало	желаю	жить.	Примирите
and	in	the	same	time	I	(have) little	desire	to live	Reconcile

это	противоречие	как	знаете.	Впрочем,	это	все	в
this	contradiction	how(ever)	(you) know	However	this	all	in

ваших	глазах	романтизм.
your	eyes	(is) romanticism

Базаров	покачал	головою.
Bazarov	shook	(the) head

— Вы	здоровы,	независимы,	богаты;	чего	же	еще?	Чего
You	(are) healthy	independent	rich	what	then	more	What

вы	хотите?
(do) you	want

— Чего	я	хочу,	— повторила	Одинцова	и	вздохнула. —
What	I	want	repeated	Odintsova	and	sighed

Я	очень	устала,	я	стара,	мне	кажется,	я	очень	давно
I	(am) very	tired	I	(am) old	to me	(it) seems	I	very	long

живу. Да, я стара, — прибавила она, тихонько натягивая
live(d) Yes I (am) old added she silently pulling

концы мантильи на свои обнаженные руки. Ее глаза
(the) ends (of her) mantilla on her bare arms Her eyes

встретились с глазами Базарова, и она чуть-чуть
met with (the) eyes (of) Bazarov and she a little bit

покраснела. — Позади меня уже так много
reddened Behind me already so many
blushed

воспоминаний: жизнь в Петербурге, богатство, потом
memories life in (saint) Petersburg wealth then

бедность, потом смерть отца, замужество, потом
poverty then death (of the) father marriage then

заграничная поездка, как следует... Воспоминаний много, а
(an) overseas trip as follows Memories many and

вспомнить нечего, и впереди передо мной — длинная,
to remember nothing and in front before me (a) long

длинная дорога, а цели нет... Мне и не хочется
long road and goals (there are) not To me also not wants

идти.
to go

— Вы так разочарованы? — спросил Базаров.
You so disappointed asked Bazarov
You are then

— Нет, — промолвила с расстановкой Одинцова, — но
No said with arrangement Odintsova but
stressed words

я не удовлетворена. Кажется, если б я могла сильно
I not (am) satisfied (It) seems if would I could strongly

привязаться к чему-нибудь...
get attached to something...

— Вам хочется полюбить, — перебил Базаров, — а
You want yourself love interrupted Bazarov and

полюбить вы не можете: вот в чем ваше
to love you not can here in with what (lies) your

несчастье.
misfortune.

Одинцова принялась рассматривать рукава своей
Odintsova started to examine (the) sleeves of her

мантильи.
mantillas

— Разве я не могу полюбить? — промолвила она.
Perhaps I not can love said she

— Едва ли! Только я напрасно назвал это несчастьем.
Hardly whether Only I in vain called this misfortune

Напротив, тот скорее достоин сожаления, с кем эта
On (the) contrary that sooner (is) worthy (of) regret with whom this

штука случается.
thing happens

— Случается что?
Happens what

— Полюбить.
  To love

— А   вы   почем   это знаете?
  And you how much this   know

— Понаслышке, — сердито отвечал Базаров.
  Hearsay   angrily answered Bazarov

«Ты кокетничаешь, — подумал он, — ты скучаешь и
You   flirt   thought he   you are bored and
        are flirting

дразнишь меня от нечего делать, а мне…» Сердце   у
tease   me   from nothing to do and me   (The) heart with

него действительно так и   рвалось.
him   really   so also was torn

— Притом, вы, может быть, слишком требовательны, —
  Besides   you   may   be   too   demanding

промолвил он, наклонившись всем телом вперед и играя
uttered   he   bending over   all   body   forward and playing

бахромою кресла.
(with a) fringe (of the) armchair

— Может быть. По-моему, или все, или ничего. Жизнь
  May   be   According to me either all   or   nothing Life

за жизнь. Взял мою, отдай свою, и тогда уже без
for life   Took   mine give out yours and then already without

сожаления и   без   возврата. А то   лучше и   не
regret   and without return And this better also not

надо.
necessary

— Что ж? — заметил Базаров, — это условие
What then noted Bazarov this (is a) condition

справедливое, и я удивляюсь, как вы до сих пор… не
fair and I (am) surprised how you until these times not

нашли, чего желали.
found what (you) desired

— А вы думаете, легко отдаться вполне чему
And you think (it's) easy to give oneself completely with whom
to whomever

бы то ни было?
would this not was
be

— Не легко, если станешь размышлять, да выжидать, да
Not easy if (you) stand to reflect yes to bide yes

самому себе придавать цену, дорожить собою то есть;
to same yourself to attach (a) price to value yourself that is

а не размышляя, отдаться очень легко.
and not pondering to give yourself very easily

— Как же собою не дорожить? Если я не имею никакой
How then yourself not value If I not have any

цены, кому же нужна моя преданность?
prices to whom then (is) needed my devotion

— Это уже не мое дело; это дело другого разбирать,
This already not my matter this matter other to take apart
to analyze

какая   моя   цена.   Главное,   надо   уметь
what   my   costs   (The) main (thing)   necessary   to be able to

отдаться.
give oneself

Одинцова   отделилась   от   спинки   кресла.
Odintsova   separated herself   from   (the) backrests   (of the) armchair

— Вы   говорите   так, —   начала   она, —   как   будто   все   это
You   speak   so   began   she   as   if (you)   all   this

испытали.
experienced

— К   слову   пришлось,   Анна Сергеевна: это   все,   вы
To   (the) word   (itself) occurred   Anna   Sergeyevna   this   all   you
the discussion   we arrived

знаете,   не   по   моей   части.
know   not   on   my   part
     is   thing

— Но   вы   бы   сумели   отдаться?
But   you   would   managed   to give yourself away
           manage   to devote yourself

— Не   знаю,   хвастаться   не   хочу.
Not   (I) know   to brag   not   (I) want

Одинцова   ничего   не   сказала,   и   Базаров   умолк.
Odintsova   nothing   not   said   and   Bazarov   fell silent

Звуки   фортепьяно   долетели   до   них   из
(The) sounds   (of a) piano   flew   to   them   from

гостиной.
(the) drawing-room

— Что это Катя так поздно играет, — заметила Одинцова.
What this Katya so late plays noticed Odintsova

Базаров поднялся.
Bazarov got up

— Да, теперь точно поздно, вам пора почивать.
Yes now as if late to you time to rest

— Погодите, куда же вы спешите… мне нужно сказать
Wait where then you hurry to me necessary to say

вам одно слово.
to you one word

— Какое?
What

— Погодите, — шепнула Одинцова.
Wait whispered Odintsova

Ее глаза остановились на Базарове; казалось, она
Her eyes stopped on Bazarov (it) seemed she

внимательно его рассматривала.
attentively him considered

Он прошелся по комнате, потом вдруг приблизился к
He took a walk on (the) room then suddenly approached to

ней, торопливо сказал «прощайте», стиснул ей руку так,
her hurriedly said goodbye gripped her hand so

что она чуть не вскрикнула, и вышел вон. Она поднесла
that she just not shrieked and left there She brought

свои склеившиеся пальцы к губам, подула на них и
his glued (the) fingers to (the) lips blew on them and

внезапно, порывисто поднявшись с кресла,
suddenly impetuously getting up from (the) armchair

направилась быстрыми шагами к двери, как бы
headed (with) swift steps to (the) door as would (she be)

желая вернуть Базарова... Горничная вошла в комнату с
desiring to return Bazarov (The) maid entered in (the) room with

графином на серебряном подносе. Одинцова остановилась,
(a) decanter on (a) silver tray Odintsova stopped

велела ей уйти и села опять, и опять задумалась.
commanded her to leave and sat again and again thought

Коса ее развилась и темной змеей упала к ней на
Braid her unwounded itself and (like a) dark snake fell to her on

плечо. Лампа еще долго горела в комнате Анны
(the) shoulder (The) lamp still long burned in (the) room (of) Anna

Сергеевны, и долго она оставалась неподвижною, лишь
Sergeyevna and long she remained still just

изредка проводя пальцами по своим рукам, которые
occasionally passing (her) fingers on her arms which

слегка покусывал ночной холод.
slightly nibbled (the) nightly cold

А Базаров, часа два спустя, вернулся к себе в
And Bazarov hours two later returned to himself in

спальню с мокрыми от росы сапогами,
(the) bedroom with wet from dew (the) boots

взъерошенный и угрюмый. Он застал Аркадия за
ruffled and sullen He caught Arkady behind
found

письменным столом, с книгой в руках, в застегнутом
(the) writing (the) table with (a) book in (the) hands in buttoned

доверху сюртуке.
up to the top frock-coat

— Ты еще не ложился? — проговорил он как бы с
You still not laid yourself spoke he as would with

досадой.
vexation

— Ты долго сидел сегодня с Анной Сергеевной, —
You long sat today with Anna Sergeyevna

промолвил Аркадий, не отвечая на его вопрос.
uttered Arkady not responding on his question

— Да, я с ней сидел все время, пока вы с
Yes I with her sat all (the) time while you with

Катериной Сергеевной играли на фортепьяно.
Katerina Sergeyevna played on (the) piano

— Я не играл… — начал было Аркадий и умолк. Он
I not played began was Arkady and fell silent He

чувствовал, что слезы приступали к его глазам, а ему
felt that tears proceeded to his eyes and to him

не хотелось заплакать перед своим насмешливым
not (he) wanted to start crying before his derisive

другом.
friend

XVIII
Chapter 18

На   следующий   день,   когда   Одинцова   явилась   к   чаю,
On   (the) following   day   when   Odintsova   appeared   to   tea

Базаров   долго   сидел,   нагнувшись   над   своею   чашкою,   да
Bazarov   long   sat   bent over   over   his   cup   yes

вдруг   взглянул   на   нее…   Она   обернулась   к   нему,   как
suddenly   looked   at   her   She   turned herself   to   him   as

будто   он   ее   толкнул,   и   ему   показалось,   что   лицо
if   he   her   pushed   and   to him   (it) seemed   that   (the) face

ее   слегка   побледнело   за   ночь.   Она   скоро   ушла   к
(of) her   slightly   paled   after   (the) night   She   soon   left   to

себе   в   комнату   и   появилась   только   к   завтраку.   С
herself   in   (the) room   and   appeared   only   to   breakfast   From

утра   погода   стояла   дождливая,   не   было
(the) morning   (the) weather   became   rainy   not   (there) was

возможности   гулять.   Все   общество   собралось   в
possibility   to walk   All   society   gathered   in

гостиную.   Аркадий   достал   последний   нумер   журнала
(the) drawing room   Arkady   got   (the) last   number   (of a) journal

и   начал   читать.   Княжна,   по   обыкновению   своему,
and   began   to read   (The) princess   on   habit   of hers

сперва выразила на лице своем удивление, точно он
first expressed on (the) face her surprise as if he

затевал нечто неприличное, потом злобно уставилась на
plotted not-what indecent then viciously stared at
something

него; но он не обратил на нее внимания.
him but he not turned on her attention

— Евгений Васильевич, — проговорила Анна Сергеевна, —
Eugene Vasilyevich spoke Anna Sergeyevna

пойдемте ко мне… Я хочу у вас спросить… Вы назвали
let's go to me I want with you ask You named

вчера одно руководство…
yesterday one guidance
textbook

Она встала и направилась к дверям. Княжна
She got up and headed to (the) doors (The) princess

посмотрела вокруг с таким выражением, как бы
looked around with such (a) expression as would

желала сказать: «Посмотрите, посмотрите, как я изумляюсь!»
desired to say Look look how I marvel
she want

— и опять уставилась на Аркадия, но он возвысил
and again stared at Arkady but he raised

голос и, переглянувшись с Катей, возле которой
(his) voice and exchanging glances with Katya near who

сидел, продолжал чтение.
(he) sat continued reading

Одинцова скорыми шагами дошла до своего кабинета.
Odintsova (with) quick steps reached to her office

Базаров проворно следовал за нею, не поднимая
Bazarov quickly followed behind her not raising

глаз и только ловя слухом тонкий свист и
(the) eyes and only catching (the) sound (of the) thin swish and

шелест скользившего перед ним шелкового платья.
rustle (of her) sliding before him silk dress

Одинцова опустилась на то же самое кресло, на
Odintsova let herself down on this then same armchair on

котором сидела накануне, и Базаров занял
which (she) sat (the) day before and Bazarov took

вчерашнее свое место.
yesterday evening's his place

— Так как же называется эта книга? — начала она после
So how then (is) called this book began she after

небольшого молчания.
(a) not-large silence

— Pelouse et Frémy, Notions générales… — отвечал
Pelouse and Frémy Notions general answered
(French)

Базаров. — Впрочем, можно вам также порекомендовать
Bazarov However possible to you also to recommend

Ganot, Traité élémentaire de physique expérimentale. В этом
Ganot Treatise elementary of physics experimental In this

сочинении рисунки отчетливее, и вообще этот
essay (the) drawings (are) clearer and generally this

учебник...
textbook

Одинцова протянула руку.
Odintsova stretched out (the) hand

— Евгений Васильевич, извините меня, но я позвала вас
Eugene Vasilyevich excuse me but I called you

сюда не с тем, чтобы рассуждать об учебниках.
here not with that in order to reason about (the) study books

Мне хотелось возобновить наш вчерашний разговор.
To me was wanted to resume our yesterday evening's conversation

Вы ушли так внезапно... Вам не будет скучно?
You left so suddenly To you not will be boring

— Я к вашим услугам, Анна Сергеевна. Но о чем
I to your service Anna Sergeyevna But about what
am at

бишь беседовали мы вчера с вами?
(do you) mean chatted we yesterday with you

Одинцова бросила косвенный взгляд на Базарова.
Odintsova threw (an) indirect glance on Bazarov

— Мы говорили с вами, кажется, о счастии. Я вам
We talked with you (it) seems about happiness I to you

рассказывала о самой себе. Кстати вот, я упомянула
told about self myself By the way here I mentioned

слово «счастие». Скажите, отчего, даже когда мы
(the) word happiness Say why even when we

наслаждаемся, например, музыкой, хорошим вечером,
savor ourselves for example music (a) good evening

разговором с симпатическими людьми, отчего все это
conversation with sympathetic people why all this

кажется скорее намеком на какое-то безмерное, где-то
(it) seems sooner (a) hint on some immense somewhere

существующее счастие, чем действительным счастьем, то
existing happiness what valid happiness then

есть таким, которым мы сами обладаем? Отчего это? Или
is such which we self possess Why this Or

вы, может быть, ничего подобного не ощущаете?
you may be nothing similar not feel

— Вы знаете поговорку: «Там хорошо, где нас нет», —
You know (the) saying There good where us not

возразил Базаров, — притом же вы сами сказали
objected Bazarov besides then you yourself said

вчера, что вы не удовлетворены. А мне в голову,
yesterday that you not (were) satisfied And to me in (the) head

точно, такие мысли не приходят.
precisely such thoughts not come

— Может быть, они кажутся вам смешными?
May be they seem to you ridiculous

— Нет, но они мне не приходят в голову.
No but they to me not come in (the) head

— В самом деле? Знаете, я бы очень желала
In (the) very case (You) know I would very much wished

знать, о чем вы думаете?
to know about what you think

— Как? я вас не понимаю.
How I you not understand

— Послушайте, я давно хотела объясниться с вами.
Listen I long ago wanted to explain myself with you

Вам нечего говорить, — вам это самим известно, — что
To you nothing to talk to you this same is known that

вы человек не из числа обыкновенных; вы еще
you (are a) man not from (the) number ordinary you still

молоды — вся жизнь перед вами. К чему вы себя
young entire life before you To what you yourself

готовите? какая будущность ожидает вас? Я хочу сказать —
prepare what future awaits you I want to say

какой цели вы хотите достигнуть, куда вы идете, что
what goal you want to reach where (do) you go what

у вас на душе? Словом, кто вы, что вы?
with you on (the) soul (With a) word who (are) you what (are) you

— Вы   меня   удивляете,   Анна   Сергеевна.   Вам   известно,   что
You   me   surprise   Anna   Sergeyevna   To you   is known   that

я   занимаюсь   естественными   науками,   а   кто   я…
I   am engaged   (with) natural   sciences   and   who   I (am)

— Да,   кто   вы?
Yes   who   (are) you

— Я   уже   докладывал   вам,   что   я   будущий   уездный
I   already   reported   to you   that   I   (am a) future   district

лекарь.
doctor

Анна   Сергеевна   сделала   нетерпеливое   движение.
Anna   Sergeyevna   made   (an) impatient   motion

— Зачем   вы   это   говорите?   Вы   этому   сами   не   верите.
Why   you   this   say   You   this   yourself   not   believe

Аркадий   мог   бы   мне   отвечать   так,   а   не   вы.
Arkady   could   would   me   answer   so   but   not   you

— Да   чем   же   Аркадий…
Yes   what   then   Arkady

— Перестаньте!   Возможно   ли,   чтобы   вы
Stop   Possible   whether   in order   you

удовольствовались   такою   скромною   деятельностью,   и   не
yourself indulged   (in) such   modest   activity   and   not

сами   ли   вы   всегда   утверждаете,   что   для   вас
yourself   whether   you   always   (you) claim   that   for   you

медицина не существует. Вы — с вашим самолюбием —
medicine not exists You with your ego

уездный лекарь! Вы мне отвечаете так, чтобы
(a) district doctor! You to me (you) answer so in order to

отделаться от меня, потому что вы не имеете
do away yourself from me therefore that you not have

никакого доверия ко мне. А знаете ли, Евгений
any trust to me And know (you) maybe Eugene

Васильевич, что я умела бы понять вас: я сама
Vasilyevich that I was able would to understand you I myself
                        able am

была бедна и самолюбива, как вы; я прошла, может
was poor and self-loving like you I passed may

быть, через такие же испытания, как и вы.
be through such same trials like also you

— Все это прекрасно, Анна Сергеевна, но вы меня
All this well Anna Sergeyevna but you me

извините... я вообще не привык высказываться, и
excuse I generally not accustomed to speak out and

между вами и мною такое расстояние...
between you and me such distance

— Какое расстояние? Вы опять мне скажете, что я
What distance You again to me (you) say that I

аристократка? Полноте, Евгений Васильич; я вам, кажется,
(am an) aristocrat Enough Eugene Vasilich I to you (it) seems

доказала...
proved

— Да и кроме того, — перебил Базаров, — что за
Yes and besides that interrupted Bazarov what for

охота говорить и думать о будущем, которое большею
wish to talk and to think about (the) future which (for a) large

частью не от нас зависит? Выйдет случай
part not from us depends Will go out (an) opportunity
There will be

что-нибудь сделать — прекрасно, а не выйдет — по
something to do well and not will go out on
there might be

крайней мере тем будешь доволен, что заранее
extreme measure with that (you) will be satisfied that in advance
glad

напрасно не болтал.
in vain not chattered

— Вы называете дружескую беседу болтовней... Или,
You call friendly conversation chatter Or

может быть, вы меня, как женщину, не считаете
may be you me as (a) woman not count

достойною вашего доверия? Ведь вы нас всех презираете.
worthy (of) your trust Indeed you us all despise

— Вас я не презираю, Анна Сергеевна, и вы это знаете.
You I not despise Anna Sergeyevna and you this know

— Нет, я ничего не знаю... но положим: я понимаю ваше
No   I   nothing not   know   but   (we) put   I   understand   your
let's propose

нежелание говорить о будущей вашей деятельности; но
reluctance   to talk   about   (the) future   (of) your   activities   but

то, что в вас теперь происходит...
then   what   in   you   now   goes on
takes place

— Происходит! — повторил Базаров, — точно я
Goes on   repeated   Bazarov   as if   I
Takes place

государство какое или общество! Во всяком случае, это
(a) government   some   or   society   In   every   case   this

вовсе не любопытно; и притом разве человек всегда
completely   not   curious   and   besides   perhaps   man   always
interesting

может громко сказать все, что в нем «происходит»?
can   loudly   say   all   that   in   him   goes on
takes place

— А я не вижу, почему нельзя высказать все, что
And   I   not   see   why   (it's) impossible   speak out   all   what
to express

имеешь на душе.
(you) have   on   (your) soul

— Вы можете? — спросил Базаров.
You   can   asked   Bazarov

— Могу, — отвечала Анна Сергеевна после небольшого
(I) can   answered   Anna   Sergeyevna   after   (of) not large

колебания.
hesitation

Базаров наклонил голову.
Bazarov tilted (the) head

— Вы счастливее меня.
You (are) more fortunate (than) me

Анна Сергеевна вопросительно посмотрела на него.
Anna Sergeyevna questioningly looked at him

— Как хотите, — продолжала она, — а мне все-таки
As (you) want continued she and to me all-so (nonetheless)

что-то говорит, что мы сошлись недаром, что мы
something says that we came together not with strike by chance that we

будем хорошими друзьями. Я уверена, что ваша эта, как
will be good friends I am convinced that your this as

бы сказать, ваша напряженность, сдержанность исчезнет
would to say your tension constraint disappears

наконец?
finally

— А вы заметили во мне сдержанность... как вы еще
And you noticed in to me constraint how you still

выразились... напряженность?
expressed yourself tension

— Да.
Yes

Базаров встал и подошел к окну.
Bazarov got up and approached to (the) window

— И вы желали бы знать причину этой
And you desired would to know (the) reason of this

сдержанности, вы желали бы знать, что во мне
constraint you desired would to know what in me

происходит?
goes on

— Да, — повторила Одинцова с каким-то, ей еще
Yes repeated Odintsova with some-then her still

непонятным, испугом.
unintelligible fright

— И вы не рассердитесь?
And you not will get angry

— Нет.
No

— Нет? — Базаров стоял к ней спиною. — Так знайте
No Bazarov stood to her back So know

же, что я люблю вас, глупо, безумно... Вот чего вы
then that I love you foolishly madly Here what you

добились.
found out

Одинцова протянула вперед обе руки, а Базаров
Odintsova stretched out forward both (the) hands and Bazarov

уперся лбом в стекло окна. Он задыхался; все
rested (his) forehead in glass window He gasped all
against the glass

тело его видимо трепетало. Но это было не трепетание
body his visible trembled But this was not (a) tremble

юношеской робости, не сладкий ужас первого признания
(of) youthful shyness not sweet horror (of the) first recognition

овладел им: это страсть в нем билась, сильная
mastered them this (was) passion in him (that) beat itself strong

и тяжелая — страсть, похожая на злобу и, быть может,
and heavy passion looking like spite and be can

сродни ей... Одинцовой стало и страшно и жалко
akin to her Odinetsova became both scared (of) and pityful (for)

его.
him

— Евгений Васильич, — проговорила она, и невольная
Eugene Vasilich spoke she and involuntary

нежность зазвенела в ее голосе.
tenderness rang out in her voice

Он быстро обернулся, бросил на нее пожирающий
He quickly turned himself around (he) threw on her devouring

взор — и, схватив ее обе руки, внезапно привлек ее
look and after gripping her both hands suddenly drew her

к себе на грудь.
to himself on (the) breast

Она не тотчас освободилась из его объятий; но
She not immediately freed herself from his embrace but

мгновенье спустя она уже стояла далеко в углу и
(an) instant later she already stood far in (the) corner and

глядела оттуда на Базарова. Он рванулся к ней…
looked from there at Bazarov He rushed to her

— Вы меня не поняли, — прошептала она с
You me not understood whispered she with

торопливым испугом. Казалось, шагни он еще раз, она
hurried fright (It) seemed takes a step he still once she

бы вскрикнула… Базаров закусил губы и вышел.
would (have) shrieked Bazarov bit (the) lips and left

Полчаса спустя служанка подала Анне Сергеевне записку
Half an hour later (a) servant brought Anna Sergeyevna (the) note

от Базарова; она состояла из одной только строчки:
from Bazarov she consisted from one only line

«Должен ли я сегодня уехать — или могу остаться до
Must whether I today leave or can stay until

завтра?» — «Зачем уезжать? Я вас не понимала — вы
tomorrow Why leave I you not understood you

меня не поняли», — ответила ему Анна Сергеевна, а
me not understood answered to him Anna Sergeyevna and

сама подумала: «Я и себя не понимала».
herself thought I also myself not understood

Она до обеда не показывалась и все ходила взад
She until dinner not showed up and all went backwards

и вперед по своей комнате, заложив руки назад,
and forward in her room holding (the) hands behind

изредка останавливаясь то перед окном, то перед
occasionally stopping then before (the) window then before

зеркалом, и медленно проводила платком по шее,
(the) mirror and slowly passed (with a) shawl on (the) neck

на которой ей все чудилось горячее пятно. Она
on which her all fancied / seemed to sense (a) burning spot She

спрашивала себя, что заставляло ее «добиваться», по
asked herself what made her pursue on

выражению Базарова, его откровенности, и не
expression (of) Bazarov his frankness and not

подозревала ли она чего-нибудь... «Я виновата, —
suspected whether she something I am guilty

промолвила она вслух, — но я это не могла предвидеть».
said she aloud but I this not could anticipate

Она задумывалась и краснела, вспоминая почти
She was pensive and reddened / blushed recalling (the) almost

зверское лицо Базарова, когда он бросился к ней...
brutal face (of) Bazarov when he threw himself to her

«Или?» — произнесла она вдруг, и остановилась, и
Or uttered she suddenly and stopped and

тряхнула кудрями... Она увидала себя в зеркале; ее
shook (the) locks She saw herself in (the) mirror her

назад закинутая голова с таинственною улыбкой на
back thrown head with mysterious smile on

полузакрытых, полураскрытых глазах и губах, казалось,
semi-closed half-open eyes and lips (it) seemed

говорила ей в этот миг что-то такое, от чего она
told her in this moment something such from what she

сама смутилась...
herself (was) embarrassed

«Нет, — решила она наконец, — Бог знает, куда бы это
No decided she finally god knows where would this

повело, этим нельзя шутить, спокойствие все-таки
led with that (is) impossible to joke calm all-so
order (nonetheless)

лучше всего на свете».
better (than) all on (the) world

Ее спокойствие не было потрясено; но она опечалилась
Her calm not was shocked but she was saddened
peace of mind

и даже всплакнула раз, сама не зная отчего, только
and even cried once herself not knowing why only

не от нанесенного оскорбления. Она не чувствовала
not from inflicted insults She not felt

себя оскорбленною: она скорее чувствовала себя
herself offended she sooner felt herself

виноватою. Под влиянием различных смутных чувств,
guilty Under (the) influence of different vague sentiments

сознания уходящей жизни, желания новизны
(the) consciousness (of the) going away life (the) desire (for) novelties
of the passing by

она заставила себя дойти до известной черты, заставила
she forced herself to reach to (a) certain boundary forced

себя заглянуть за нее — и увидала за ней даже
herself to glance behind her and saw behind her even

не бездну, а пустоту… или безобразие.
not (a) abyss but (an) emptiness or (a) deformity
an ugliness

www.ingramcontent.com/pod-product-compliance
Lightning Source LLC
Chambersburg PA
CBHW070403260626
47161CB00001B/254